Beate Rues / Beate Redecker
Evelyn Koch / Uta Wallraff
Adrian P. Simpson

Phonetische Transkription des Deutschen

Ein Arbeitsbuch

2., überarbeitete und ergänzte Auflage

gnⱯ Gunter Narr Verlag Tübingen

Beate Rues, **Beate Redecker** und **Uta Wallraff** sind tätig in der Lehre der Phonetik, Sprechkunst, Sprechbildung, Rhetorik und Sprecherziehung an der Friedrich-Schiller-Universität Jena.

Evelyn Koch ist Wissenschaftliche Mitarbeiterin am Institut für Germanistik im Bereich Germanistische Linguistik und Sprachgeschichte der TU Dresden.

Adrian P. Simpson ist Professor für Sprechwissenschaft an der Friedrich-Schiller-Universität Jena.

2., überarbeitete und ergänzte Auflage 2009
1. Auflage 2007

Bibliografische Information der Deutschen Nationalbibliothek

Die Deutsche Nationalbibliothek verzeichnet diese Publikation in der Deutschen Nationalbibliografie; detaillierte bibliografische Daten sind im Internet über <http://dnb.d-nb.de> abrufbar.

© 2009 · Narr Francke Attempto Verlag GmbH + Co. KG
Dischingerweg 5 · D-72070 Tübingen

Internet: http://www.narr-studienbuecher.de
E-Mail: info@narr.de

Druck: Gulde, Tübingen
Bindung: Nädele, Nehren
Printed in Germany

ISSN 0941-8105
ISBN 978-3-8233-6465-8

Inhaltsverzeichnis

Abbildungsverzeichnis

Einführung

Das vorliegende Buch ist aus dem Bedürfnis entstanden, ein Arbeits- und Übungsmaterial zur Verfügung zu haben, das in die Notation des Deutschen mit Hilfe des IPA einführt. Im Unterschied zu anderen Lehrwerken sollte es über die Logatom- und Wortebene hinausgehend zu sicheren Fähigkeiten im Lesen und Schreiben zumindest weiter normativer standardsprachlicher zusammenhängender Äußerungen führen. Es entstand das vorliegende Arbeits- und Übungsbuch, das vorhandene Materialien, die das IPA-Inventar bevorzugt auf Logatomebene vorstellen (vgl. Wells und House 1995; Vieregge 1989; Hoole und Machelett 2002), ergänzt. Das Buch ist damit kein Phonetiklehrbuch im herkömmlichen Sinne, sondern setzt vielmehr Grundkenntnisse zur deutschen Phonetik voraus. Es stellt den Versuch dar, in die Lücke zwischen "theoretischer" Phonetik und Sprechrealität vorzudringen und lädt zur Auseinandersetzung mit der Frage nach der Funktion der phonetischen Form im kommunikativen Vollzug ein. Damit wird ein Vorstoß auf "glattes Eis" unternommen, dessen Beschreibung das Duden *Aussprachewörterbuch* (2000: 64) noch als unmöglich bezeichnet.

Das Anliegen, eine Einführung in die Transkription zu geben, die sich so weit wie möglich an der Sprechwirklichkeit orientiert, führt unweigerlich zur Konfrontation mit einer Vielzahl von Aussprachevarianten und damit zum Problem der Einordnung und Bewertung verschiedener Ausspracheformen. Deshalb soll nach der Einführung in das IPA-System und einem Abschnitt über die Laut-Buchstaben-Beziehungen im Deutschen zunächst ein Überblick über die Varietäten und verschiedene koexistierende Aussprachevarianten des Deutschen gegeben werden.

Der sich an die theoretische Einführung anschließende erste Übungsteil ist eher präskriptiv ausgerichtet, wenn auch die Orientierung an der Sprechwirklichkeit nicht aufgegeben wird. Hier werden wesentliche allgemeingültige Ausspracheregeln der deutschen Standardaussprache vermittelt und entsprechende Transkriptionsübungen zur Umsetzung dieser Regeln angeboten. Bereits innerhalb dieses eher kanonischen Teils der Beschreibung der Standardaussprache werden zwei Präzisionsstufen der Standardaussprache unterschieden und mit Hilfe von Tonbeispielen vorgeführt.

Die folgende kurze Darstellung zu den Umgangssprachen des Deutschen dient der Einordnung der umgangssprachlichen Tonbeispiele. Dieses Tonmaterial wurde möglichst eng phonetisch transkribiert und kann als Hör- und Transkriptionstraining gleichermaßen genutzt werden.

Alle Transkriptionstexte liegen als Klangdateien vor, können also hörbar gemacht werden. Wir empfehlen, besonders wenn eng transkribiert werden soll, die Klangdateien mit einem Sprachanalyseprogramm, z.B. *wavesurfer*[1] oder *praat*[2] in kleinere Einheiten etwa in Wort- oder Silbengröße zu zerlegen und abzuhören. Gleichzeitig hilft das Erstellen von Sonagrammen und Oszillogrammen bei der Interpretation des Gehörten (z.B. Machelett 1997). Eine Kurzanleitung zu beiden Programmen finden Sie in Kapitel 16.

Der Umstand, dass diese Tonaufnahmen nicht synthetisch erzeugt wurden, sondern von Muttersprachlern stammen, garantiert zunächst Natürlichkeit und Authentizität. Gleichzeitig bedeutet es aber auch, dass im Übungsteil keine "reine Norm" als klangliches Muster präsentiert werden kann, sondern es sich stets um eine Umsetzung der Norm durch einen Menschen handelt. Die Aussprache eines konkreten Sprechers ist auch Ausdruck seiner Persönlichkeit, seiner Individualität und des von ihm durchlaufenen sprachlichen Sozialisationsprozesses. Das auszudrücken wird als wichtige Funktion der Aussprache verstanden. Darum wurde bewusst darauf verzichtet, künstlich bereinigte vollkommen "normgerechte" Texte im Sinne eines abstrakten Ideals zu präsentieren. Von Fall zu Fall müssen diese individuellen Besonderheiten oder sich ergebende lautliche Auffälligkeiten als solche benannt und am konkreten Beispiel diskutiert werden.

Das Arbeits- und Übungsbuch hat einführenden Charakter. Dieses Anliegen erfordert bei der Komplexität des Gegenstandes Vereinfachung und Beschränkung in Ausführlichkeit und Vollständigkeit der Beschreibung. Auf gelegentlich wünschenswerte Verbindlichkeitseinschränkungen für Ausspracheregeln (betrifft z.B. die Stimmlosigkeitsassimilation bei Frikativen) wird bewusst verzichtet. Ebenso wurden der Umfang an Regeln und Informationen im Rahmen dieser Einführung beschränkt. Ergänzungen und Differenzierungen wären durchaus möglich (z.B. zur Aussprache von ‹zu›: als Partikel mit kurzem ungespanntem [ʊ], als Präposition mit gespanntem langem [uː] zu sprechen). Auf die ausführlichere Berücksichtigung der Verknüpfung prosodischer Gegebenheiten mit der lautlichen Form wurde ebenfalls verzichtet. Der Leser wird an entsprechender Stelle Verweise auf weiterführende Quellen finden.

Abschließend soll denen gedankt werden, die neben den Autoren Anteil an diesem Buch haben. Zunächst gilt unser Dank Gottfried Meinhold, auf dessen Arbeiten zur Phonostilistik die Kapitel zur situativen Varianz der Standardaussprache fußen, der aber auch als Autor und Sprecher des literarischen Textes "Traum" die Einheit von Theorie und sprechpraktischer Umsetzung in idealer Weise verkörpert.

Unser Dank gilt aber auch Helge Skirl, aus dessen Feder die Texte "Aschblond" und "Bald verweht" stammen, die er ebenfalls selbst gesprochen hat.

Nicht zuletzt danken wir unseren Kolleginnen Romy Baumgarten und Ramona Benkenstein, die als Sprecherinnen mitgewirkt haben. Ramona Benkenstein danken wir ebenfalls für ihre Hilfe bei der technischen Fertigstellung des Skriptes.

Dank gebührt auch der International Phonetic Association für die Möglichkeit, die Tabelle des Internationalen Phonetischen Alphabets auf S. 6 zu übernehmen.

---

[1] http://www.speech.kth.se/wavesurfer
[2] http://www.praat.org

Teil I

Theoretische Grundlagen

1 Transkription und das IPA

Eine Lautschrift oder Transkription stellt eine Methode dar, die Klanggestalt gesprochener Äußerungen zu Papier zu bringen. Dafür werden Symbole verwendet, die ganz bestimmte, meist artikulatorische Bedeutungen haben. Das heutzutage am häufigsten verwendete Lautschriftsystem ist das Alphabet des Internationalen Phonetischen Vereins ("International Phonetic Association"), auch Internationales Phonetisches Alphabet oder IPA genannt[1].

Die International Phonetic Association hat sich mit dem IPA das Ziel gestellt, ein Inventar an Lautsymbolen zur Verfügung zu stellen, das für die Notation aller Sprachen der Welt geeignet ist. Diesem universellen Anspruch entsprechend erfolgten, resultierend aus der Arbeit an Hunderten von Sprachen über viele Jahrzehnte hinweg (die erste IPA-Fassung erschien 1888) mehrfach Erweiterungen und Modifikationen des Inventars.

Gleichzeitig wird der Handhabbarkeit wegen versucht, möglichst wenig Symbole zu verwenden. Verschiedene Lautsymbole werden primär für distinktive Segmente verwendet, d.h. zwei in einer Sprache bedeutungsunterscheidend wirkende Laute sollen durch zwei verschiedene Symbole dargestellt werden. Phonetisch ähnliche Laute, von denen nicht bekannt ist, dass sie distinktiv sind, werden mit einem Symbol wiedergegeben. Unterschiede werden durch Diakritika (Zusatzzeichen) ausgedrückt. Zu den IPA-Zeichen gehören Interpretationskonventionen, die im Anschluss, soweit sie für die Transkription des Deutschen Bedeutung haben, vorgestellt werden. Insgesamt sind sie im "Handbook of the International Phonetic Association. A guide to the use of the International Phonetic Alphabet" (International Phonetic Association 1999) dargestellt.

Die aktuelle IPA-Version ist auf Seite 6 abgedruckt. Eine klangliche Demonstration dieses Lautschriftinventars ist auf der Internetseite der International Phonetic Association abrufbar und liegt gesprochen von Wells und House (1995) auf CD vor.

Jedes Symbol im IPA wird mit einer Reihe artikulatorischer Eigenschaften verbunden. Bei Konsonanten sind die Grundeigenschaften, die ein Symbol beschreibt:

- die Stellung der Glottis (stimmhaft oder stimmlos);
- die Artikulationsstelle (wo ein Laut im Mund gebildet wird);
- die Artikulationsart (wie ein Laut produziert wird).

So beschreibt beispielsweise das Symbol [b] einen stimmhaften, bilabialen Plosiv.

---

[1]Die neueste Version des IPA können Sie immer unter folgendem URL finden:
http://www.arts.gla.ac.uk/IPA/ipa.html

DAS INTERNATIONALE PHONETISCHE ALPHABET (revidiert 2005)

KONSONANTEN (PULMONAL)

© 2005 IPA

	bilabial	labiodental	dental	alveolar	postalveolar	retroflex	palatal	velar	uvular	pharyngeal	glottal
Plosiv	p b			t d		ʈ ɖ	c ɟ	k ɡ	q ɢ		ʔ
Nasal	m	ɱ		n		ɳ	ɲ	ŋ	N		
Vibrant	B			r					R		
Tap oder Flap		ⱱ		ɾ		ɽ					
Frikativ	ɸ β	f v	θ ð	s z	ʃ ʒ	ʂ ʐ	ç ʝ	x ɣ	χ ʁ	ħ ʕ	h ɦ
Lateralfrikativ				ɬ ɮ							
Approximant		ʋ		ɹ		ɻ	j	ɰ			
Lateral-approximant				l		ɭ	ʎ	L			

Treten Symbole paarweise auf, so ist das rechte stimmhaft. Schattierte Bereiche kennzeichnen Artikulationen, die als unmöglich betrachtet werden.

KONSONANTEN (NICHT-PULMONAL)

Clicks	stimmhafte Implosive	Ejektive
ʘ bilabial	ɓ bilabial	ʼ Beispiele:
ǀ dental	ɗ dental/alveolar	pʼ bilabial
ǃ (post)alveolar	ʄ palatal	tʼ dental/alveolar
ǂ palatoalveolar	ɠ velar	kʼ velar
ǁ alveolar lateral	ʛ uvular	sʼ alveolarer Frikativ

WEITERE SYMBOLE

ʍ	stimmloser labial-velarer Frikativ	ɕ ʑ	alveolo-palatale Frikative
w	stimmhafter labial-velarer Approximant	ɺ	alveolarer lateraler Flap
ɥ	stimmhafter labial-palataler Approximant	ɧ	gleichzeitig ʃ und X
ʜ	stimmloser epiglottaler Frikativ		Affrikate und Doppelartikulationen
ʢ	stimmhafter epiglottaler Frikativ		können durch zwei Symbole dargestellt werden, die durch einen Bogen verbunden werden:
ʡ	epiglottaler Plosiv		

k͡p t͡s

VOKALE

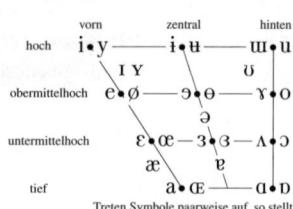

Treten Symbole paarweise auf, so stellt das rechte einen gerundeten Vokal dar.

SUPRASEGMENTALIA

ˈ	Hauptbetonung	
ˌ	Nebenbetonung	ˌfoʊnəˈtɪʃən
ː	lang	eː
ˑ	halblang	eˑ
˘	sehr kurz	ĕ
ǀ	kleine (Takt-)Gruppe	
ǁ	große (Intonations-)Gruppe	
.	Silbengrenze	ɹi.ækt
‿	verbunden (ohne Zäsur)	

DIAKRITIKA

Diakritika dürfen oberhalb von Symbolen mit Unterlänge platziert werden, z. B. ŋ̊

̥	stimmlos	n̥ d̥	̈	behaucht	b̤ a̤	̪	dental	t̪ d̪
̬	stimmhaft	s̬ t̬	̰	geknarrt	b̰ a̰	̺	apikal	t̺ d̺
ʰ	aspiriert	tʰ dʰ	̼	linguolabial	t̼ d̼	̻	laminal	t̻ d̻
̹	stärker gerundet	ɔ̹	ʷ	labialisiert	tʷ dʷ	̃	nasaliert	ẽ
̜	schwächer gerundet	ɔ̜	ʲ	palatalisiert	tʲ dʲ	ⁿ	nasal gelöst	dⁿ
̟	vorverlagert	u̟	ˠ	velarisiert	tˠ dˠ	ˡ	lateral gelöst	dˡ
̠	rückverlagert	e̠	ˤ	pharyngalisiert	tˤ dˤ	̚	nicht hörbar gelöst	d̚
̈	zentralisiert	ë	̴	velarisiert bzw. pharyngalisiert	ɫ			
̽	mittelzentralisiert	ě	̝	gehoben	e̝ (ɹ̝ = stimmhafter alveolarer Frikativ)			
̩	silbisch	n̩	̞	gesenkt	e̞ (β̞ = stimmhafter bilabialer Approximant)			
̯	nichtsilbisch	e̯	̘	vorverlagerte Zungenwurzel	e̘			
˞	rhotaziert	ɚ a˞	̙	rückverlagerte Zungenwurzel	e̙			

TÖNE UND WORTAKZENTE

EBEN			KONTUR		
e̋ oder	˥	extrahoch	ě oder	ˇ	steigend
é	˦	hoch	ê	ˆ	fallend
ē	˧	mittel	e᷄	˧˥	hoch steigend
è	˨	tief	e᷅	˩˧	tief steigend
ȅ	˩	extra-tief	e᷈	˦˩˧	steigend-fallend
↓	Downstep		↗	globaler Anstieg	
↑	Upstep		↘	globaler Fall	

Bei Vokalen sind die Grundeigenschaften:

- Hebungsgrad der Zunge (wie hoch liegt die Zunge im Mund);
- Hebungsrichtung der Zunge (liegt die Zunge vorn oder hinten im Mund);
- Lippenbeteiligung (Lippen sind gerundet oder nicht).

Zum Beispiel beschreibt das Symbol [e] einen obermittelhohen, vorderen, ungerundeten Vokal.

Neben den großen Symbolen gibt es auch mehrere kleinere Symbole, die *Diakritika* genannt werden. Im Gegensatz zu den anderen Lautsymbolen beschreiben sie lediglich *eine* artikulatorische Eigenschaft und werden verwendet, um die Bedeutung der anderen Symbole zu verändern oder zu ergänzen. Zum Beispiel:

- Die IPA-Symbole für Vokale, Approximanten und Nasale gehen von stimmhaften Lauten aus. Häufig treten in deutschen Äußerungen solche Laute auf, die jedoch nicht stimmhaft, sondern geknarrt, behaucht oder stimmlos sind. Dieses können wir durch die Verwendung eines passenden Diakritikums jeweils anzeigen: [n̰] (=geknarrt), [n̥] (=stimmlos), [n̤] (=behaucht).
- Einige Diakritika dienen dazu, den Ort, der durch ein Symbol beschrieben wird, leicht zu verändern. Zum Beispiel ist der dorsale Plosiv in ‹Kiel› postpalatal oder prävelar, was mit [k̟] angezeigt werden kann. Die Zungenlage des Vokals im Wort ‹er› ist häufig weiter hinten und tiefer als [e], was mit [e̞] angegeben werden kann.
- Neben der durch das Symbol beschriebenen Artikulationsstelle kann durch Diakritika eine Sekundärartikulation beschrieben werden. Zum Beispiel wird ein Zungenlaut wie [ʃ] häufig labialisiert: [ʃʷ]. Der Zungenrücken kann unabhängig von der Zungenspitze sich dem harten Gaumen (Palatalisierung), bzw. dem weichen Gaumen (Velarisierung) nähern. Die Palatalisierung und die Velarisierung werden ebenfalls mit Diakritika angezeigt, z. B. [lʲ] (=palatalisiert) bzw. [lˠ] (=velarisiert).

Jede menschliche Äußerung ist lautlich äußerst komplex. Neben den Wörtern selbst können wir erkennen, ob ein Sprecher schnell oder langsamer spricht, ob er gerade einen Redebeitrag zu Ende bringt, welche Silben er akzentuieren will, ob er eine bestimmte regionale Färbung hat, usw. Unter sorgfältiger Verwendung der Symbole und Diakritika des IPA können wir viele dieser Details zu Papier bringen. Eine solche Transkription wird als *eng* bezeichnet. Die Transkriptionen der Gesprächsabschnitte ab S. 72 sowie die Merkmale der verschiedenen Varietäten ab S. 21 werden mit einer engeren Transkription illustriert.

Wollen wir lediglich zeigen, welche Konsonanten und Vokale in den Wörtern eines Satzes verwendet werden, reicht oft eine *breite* Transkription, wie es z. B. Aussprachewörterbücher tun. Die Transkriptionen der vorgelesenen Texte in diesem Buch sind eher breit, obwohl wir durch die Verwendung von bestimmten Diakritika auf systematische Aussprachemerkmale des Standarddeutschen hinweisen wollen, die dem Ausländer, aber auch dem nicht Standarddeutsch Sprechenden nicht geläufig sein mögen.

Für die phonetische Beschreibung einzelner Sprachen wird das IPA in modifizierter Form verwendet. Es werden zwei Modifikationen vorgenommen:

- Symbole werden mit einer ausführlicheren artikulatorischen Beschreibung verbunden als im IPA vorgesehen. Die häufigste Modifikation dieser Art ist eine präzisere Definition der Artikulationsstelle. Bei den meisten IPA-Konsonantensymbolen wird lediglich die passive Artikulationsstelle beschrieben, d. h. die Stelle, gegen die die Unterlippe oder die Zunge artikuliert. Bei wenigen Symbolen wie z. B. [f] wird jedoch in der Beschreibung *labiodental* sowohl das artikulierende Organ (labial) als auch der passive Artikulator (dental) beschrieben. Die Beschreibung des artikulierenden Organs kann aber für eine genauere Lautbeschreibung eine wichtige Ergänzung zur IPA-Beschreibung sein. So wird der Frikativ im Wort ‹Sonne› gewöhnlich mit dem Zungenblatt (=laminal) und nicht mit der Zungenspitze (=apikal) gegen den Zahndamm (=alveolar) produziert. Man verwendet weiterhin das IPA-Symbol [z] für diesen Frikativ, fügt jedoch das artikulierende Organ zur Symbolbeschreibung hinzu.

- Die Transkriptionssymbole werden beim Transkribieren einer konkreten Sprache mit leicht veränderter Bedeutung gegenüber dem IPA verwendet, meistens um die Verwendung von Diakritika zu vermeiden und somit die Transkription etwas zu erleichtern. Am häufigsten wird dieses bei der Transkription von Vokalen praktiziert. Die Vokallaute in Sprachen entsprechen nur selten den Qualitäten der Kardinalvokale im IPA und müssen in einer engen Transkription mit Diakritika modifiziert werden. So liegt die Zunge bei den Vokalen in ‹Stadt› und ‹Staat› zwischen den Kardinalvokalqualitäten [a] und [ɑ], d. h. [a̠] bzw. [ɑ̟]. In einer breiteren Transkription werden aber die Vokalsymbole ohne Diakritika verwendet, wohl wissend, dass diese eine andere qualitative Bedeutung als die IPA-Symbole haben.

Beispiele

Zur Illustration folgen kommentierte Transkriptionen einer möglichen standarddeutschen Äußerung der Phrase ‹der Tanzbär›:

Eng: Um die Aussprache eines Sprechers möglichst genau wiederzugeben, versucht man alle Details der Aussprache zu notieren:

[de̠ɐ̯ ˈtʰãntsbɛ̠ːɐ̯]

Der apiko-alveolare Plosiv am Anfang der Äußerung ist nicht stimmhaft ([d̥]). Der Vokal ist etwas zurückgezogen und tiefer als die IPA-Qualität ([e̠ː]). Der apiko-alveolare Plosiv am Anfang von ‹Tanz-› ist aspiriert. Der darauffolgende Vokal ist nasaliert und gegenüber der IPA-Qualität zurückgezogen ([ã̠]). Der bilabiale Plosiv am Anfang von ‹-bär› ist nicht stimmhaft ([b̥]). Die Vokale der letzten Silbe werden geknarrt gesprochen ([ɛːɐ̯]).

Breit mit Zusätzen: In Lehrbüchern oder Varietätenbeschreibungen wird durch die Verwendung bestimmter Diakritika auf gewisse Aussprachemuster explizit hingewiesen. Auf andere vorhersagbare Details (in diesem Fall Aspiration bzw. Nasalität des Vokals) wird verzichtet:

[deːɐ̯ ˈtantsbɛːɐ̯]

Breit: Nahezu alle vorhersagbaren Details der Aussprache werden weggelassen. Diese Transkription kommt der eines Aussprachewörterbuchs am nächsten:

[deːɐ̯ ˈtantsbɛːɐ̯]

1.1 IPA-Lautschriftzeichen zur normativen Transkription standardsprachlicher Äußerungen des Deutschen

Um deutsche standardsprachliche Äußerungen normativ zu transkribieren, benötigt man zunächst nicht alle IPA-Zeichen. Die für das Deutsche wichtigsten Zeichen werden im Anschluss mit entsprechenden Wortbeispielen vorgestellt. Sie finden alle Wortbeispiele als Klangbeispiel auf der CD. Prägen Sie sich den Klang der Laute und das dazugehörige Lautschriftzeichen ein.

Vokale

[ʔ] fester Stimmeinsatz bei Vokalen im Anlaut (vgl. 4.6)
‹ab› [ʔap], ‹flussabwärts› [flʊsˈʔapvɛʁts]

[iː]	‹bieten›	[ˈbiːtn̩]	[ɪ]	‹bitten›	[ˈbɪtn̩]
[eː]	‹beten›	[ˈbeːtn̩]	[ɛ]	‹betten›	[ˈbɛtn̩]
[ɛː]	‹bäten› (Konjunktiv)	[ˈbɛːtn̩]			
[yː]	‹Hüte›	[ˈhyːtə]	[ʏ]	‹Hütte›	[ˈhʏtə]
[øː]	‹Höhle›	[ˈhøːlə]	[œ]	‹Hölle›	[ˈhœlə]
[aː]	‹Staat›	[ʃtaːt]	[a]	‹Stadt›	[ʃtat]
[uː]	‹spuken›	[ˈʃpuːkn̩]	[ʊ]	‹spucken›	[ˈʃpʊkn̩]
[oː]	‹Schote›	[ˈʃoːtə]	[ɔ]	‹Schotte›	[ˈʃɔtə]
			[ə]	‹bitte›	[ˈbɪtə]
			[ɐ]	‹bitter›	[ˈbɪtɐ]

Diphthonge

[ae̯]	‹nein›	[nae̯n]
[ao̯]	‹Baum›	[bao̯m]
[ɔø̯]	‹neu›	[nɔø̯]

Konsonanten

[p]	‹Pein›	[paen̯]	[b]	‹Bein›	[baen̯]
[t]	‹Weite›	['vaet̯ə]	[d]	‹Weide›	['vaed̯ə]
[k]	‹Kunst›	[kʊnst]	[g]	‹Gunst›	[gʊnst]
[f]	‹fühlen›	['fy:lən]	[v]	‹wühlen›	['vy:lən]
[s]	‹reißen›	['ʁaesn̯]	[z]	‹reisen›	['ʁaezn̯]
[ʃ]	‹schön›	[ʃø:n]	[ʒ]	‹Garage›	[ga'ʁa:ʒə]
[ç]	‹ich›	[ʔɪç] →ch=ç *weich*	[j]	‹ja›	[ja:]
[x]	‹ach›	[ʔax] →ch=x *hart*			
[ʁ]	‹Recht›	[ʁɛçt]	statt [ʁ] sind ebenfalls [ʀ, r, ɾ, ɹ]		
[h]	‹hell›	[hɛl]	möglich (vgl. Kapitel 4.2)		
[m]	‹am›	[ʔam]			
[n]	‹an›	[ʔan] ↦n am Zahndamm gebildet			
[ŋ]	‹eng›	[ʔɛŋ] →n am weichen Gaumen gebildet			
[l]	‹leiten›	['laet̯n̩]			

Diakritika

[ʰ]	aspiriert	‹Tante›	['tʰantə]	(vgl. 4.10)
[˺]	keine Sprengung	‹und die›	[ʔʊnt˺ di:] statt [ʔʊnt di̥:]	(vgl. 4.7)
[ⁿ]	nasale Sprengung	‹hatten›	['hatⁿn̩]	(vgl. 4.8)
[ˡ]	laterale Sprengung	‹Mantel›	['mantˡl̩]	(vgl. 4.9)
[̯]	unsilbisch	‹er›	[ʔeːɐ̯] statt ‹eher› ['ʔeːɐ̯]	(vgl. 4.1)
[̩]	silbisch	‹fließen›	['fli:sn̩]	(vgl. 4.1)
[ː]	(volle) Länge			
[ˑ]	halbe Länge			

Pausen, Akzente

[|]	Pause	(vgl. 5.2)
[‖]	große Pause	(vgl. 5.2)
[']	Akzent	Beim Transkribieren von Wortreihen schreibt man bei mehrsilbigen Wörtern, um Verwechslungen zu vermeiden, jeweils vor der betonten Silbe den Wortakzent.

Beispiel: ‹umfahren› ['ʔʊmfa:ʁən], aber ‹umfahren› [ʔʊm'fa:ʁən].

In Sätzen und Texten transkribieren wir nur die tatsächlich realisierten Satzbetonungen (vgl. 5.1).
Beispiel: ‹Umfahren, nicht umfahren.› [ʔʊm'fa:ʁən |nɪçt 'ʔʊmfa:ʁən ‖]

1.2 IPA-Lautschriftzeichen zur engen Transkription deutscher Äußerungen

Durch koartikulatorische Prozesse und situativ-stilistische Einflüsse entstehen unter günstigen prosodischen Bedingungen Laute, die wir in deutschen Äußerungen eigentlich nicht erwarten und die in herkömmlichen Beschreibungen des deutschen Lautsystems nicht vorkommen. Zu ihrer Darstellung benötigt man weitere Lautschriftzeichen und Diakritika. Solche, für die Transkription unserer Beispielaufnahmen verwendete IPA-Zeichen werden im Folgenden aufgeführt und akustisch durch Korpusbelege demonstriert. Für andere Korpora benötigt man vielleicht weitere Zeichen, die hier nicht aufgeführt und demonstriert sind. In diesem Fall verweisen wir auf das IPA-Gesamtinventar auf S. 6 bzw. International Phonetic Association (1999).

Die folgenden IPA-Zeichen finden Sie als Klangbeispiel auf der CD. Die vorangestellte Abkürzung verweist auf den Text, in dem sie vorkommen (vgl. S. 68).

Vokale

[ʉ]	HA10	‹uns›
[ə]	HA03	‹dann›
[ɵ]	SÄ01	‹Flut›
[ɣ]	SÄ02	‹Wasser›
[ɜ]	GJ22	‹Vergleich›
[ɝ]	GU04	‹irgendwie›
[æ]	HA02	‹halb›
[ʌ]	SÄ03	‹Meter›
[ɒ]	HA06	‹Markt›

Konsonanten

Plosive

[ɢ]	SÄ01	‹Flutgraben›

Nasalkonsonanten

[ŋ]	NM29	‹Krankenhausaufenthalten›

Tap/Flap

[ɾ]	NM18	‹oder›

Frikative

[β]	NT04	‹Gitterstäbe›
[ð]	GJ30	‹das›
[ɕ]	GS09	‹sicher›
[ʑ]	HA04	‹ich›

[j]   GJ30   ‹jeden›
[ɣ]   NM32   ‹Regelung›
[ɦ]   NM03   ‹haben›
[χ]   SW16   ‹Nachtdienst›
Approximant
[ʊ]   GJ30   ‹irgendwo›
[w]   SÄ02   ‹Wasser›
[ɹ]   SW07   ‹leiden›

Diakritika

[e̹]	behaucht	HA08	‹nachher›
[ʊ̰]	laryngalisiert, Knarrstimme	NM03	‹Untersuchungen›
[t̪]	dental	HA06	‹Markt›
[ɔ̹]	stärker gerundet	GJ28	‹Studenten›
[y̜]	weniger gerundet	HA01	‹früh›
[k̟]	vorverlagert	HA03	‹Frühstück›
[e̱]	rückverlagert	HA08	‹später›
[ÿ]	zentralisiert	HA15	‹weitergeführt›
[ĕ]	mittel-zentralisiert	HA26	‹Fernsehfunk›
[zʷ]	labialisiert	GS01	‹also›
[nˠ]	velarisiert	GU03	‹fahren›
[ʌˤ]	pharyngalisiert	HA08	‹verkaufen›
[ɔ̃]	nasaliert	GJ08	‹eh›
[ɛ̝]	erhöht	HA08	‹später›
[u̞]	erniedrigt	HA04	‹dusch›
[mːː]	extra lang	HA02	‹um›
[ŏ]	extra kurz	HA15	‹meine›
[˚h˚]	inspiratorisch	GS06	‹und ich›

Literaturempfehlungen zum IPA

International Phonetic Association (1999). *Handbook of the International Phonetic Association. A guide to the use of the International Phonetic Alphabet*. Cambridge.

Vieregge, W. H. (1989). *Phonetische Transkription. Theorie und Praxis der Symbolphonetik. Zeitschrift für Dialektologie und Linguistik, Beiheft* 60. Stuttgart: Steiner.

Wells, J. und J. House (1995). *The Sounds of the International Phonetic Alphabet*. London: Department of Phonetics and Linguistics, UCL. CD mit Beiheft.

2 Laut-Buchstabe-Beziehungen des Deutschen

Um Wörter und Texte festhalten zu können, liegt der deutschen Sprache, wie vielen anderen Sprachen auch, ein System zu Grunde, das sich aus verschiedenen Buchstaben, Interpunktionszeichen, Symbolen, Ziffern usw. zusammensetzt. Die Buchstabenschrift (Alphabet) basiert auf bestimmten Beziehungen zwischen den Einheiten der Schreibung (Buchstaben in ‹ › Klammern) und den Einheiten der Aussprache (Laute/Phone in [ ] Klammern). Beim Erwerben der Schrift wird der Lernende zunächst die zu erlernenden Schriftzeichen auf die lautlichen Gegebenheiten der Sprache beziehen, so dass ein Schriftbild entsteht, das zwar annähernd die Aussprache wiedergibt, welches aber nicht den Regeln der Orthografie entspricht. Andererseits können z. B. ausländische Lerner durch die Betrachtung der Orthografie nicht automatisch auf die Aussprache Rückschlüsse ziehen. Die im Idealfall angestrebte eindeutige Zuordnung zwischen Buchstaben und Phonen wird häufig durchbrochen, so dass ein sehr vieldeutiges Netzwerk an Beziehungen zwischen dem Schriftbild und der Aussprache entsteht. Mehrfach sind im Deutschen einem Phon mehrere Buchstaben bzw. einem Buchstaben mehrere Phone zugeordnet. Folgendes Beispiel verdeutlicht dies:

Phon	Buchstabe	Beispiel
[k]	‹k›	‹kalt›
	‹ck›	‹hacken›
	‹kk›	‹Mokka›
	‹g›	‹lag›
	‹gg›	‹eggt›
	‹x›	‹Hexe›
	‹ch›	‹Christ›

Diese Vieldeutigkeit ist nicht willkürlich. Die deutsche Rechtschreibung folgt vielmehr verschiedenen Prinzipien (vgl. Klipcera und Gasteiger-Klipcera 1998, 9–11):

- Das phonologische Prinzip:
  Verschiedene, untereinander nicht bedeutungsunterscheidend wirkende Laute werden durch einen Buchstaben dargestellt.
  Beispiel: [ʀ r ʁ ɐ] werden als ‹r› geschrieben.

- Das morphematische Prinzip:
  Morpheme werden trotz veränderter Aussprache konstant geschrieben.
  Beispiel: [veːk veːɡə] - ‹Weg, Wege›

- Das historische Prinzip:
  Schreibungen, die sich aus der mittelhochdeutschen Aussprache ableiten, die heute

verändert ist, werden beibehalten.

Beispiel: ‹sp› und ‹st› am Wortanfang, gesprochen [ʃp] und [ʃt]

- Das grammatikalische Prinzip:

  Beispiel: Substantive und substantivisch verwendete Wörter werden groß geschrieben.

- Das semantische Prinzip:

  Homophone, also gleich klingende Wörter werden der besseren Verständlichkeit wegen unterschiedlich geschrieben.

  Beispiel: ‹Wahl, Wal›

Auf die Erläuterung dieser Prinzipien und weiterer Leitlinien zur deutschen Orthographie soll hier verzichtet werden. Wir beschränken uns, dem Ziel dieser Einführung entsprechend, auf die Darstellung der wesentlichen Laut-Buchstaben-Beziehungen des Deutschen.

2.1 Vokale

Im Allgemeinen gilt für Wörter mit deutscher Herkunft, dass mit dem Unterschied der Vokalquantität (Langvokale wie [iː] und Kurzvokale wie [ɪ]) auch ein qualitativer Unterschied verbunden ist. Dabei lassen sich für einige Kurzvokale eindeutige Zuordnungen zu Buchstaben treffen, wobei den Vokalen [a], [ɪ], [ɔ], [ʊ], [œ] und [ʏ] jeweils ein Buchstabe zugeordnet wird: ‹a› für [a], ‹i› für [ɪ], ‹o› für [ɔ], ‹u› für [ʊ], ‹ö› für [œ] und ‹ü› für [ʏ]. Andere Vokale wie [ɛː], [ɛ], [uː], [øː] und [yː] haben jeweils zwei Entsprechungen, die entweder aus Einzelbuchstaben oder aus Buchstabenverbindungen bestehen, wie bspw. ‹e› und ‹ä› für [ɛ] oder ‹u› und ‹uh› für [uː]. Es gibt auch Vokale, denen drei Entsprechungen auf Schriftebene zugewiesen werden können. Dazu zählen [aː], [eː] und [oː], wie bspw. ‹o›, ‹oh› und ‹oo› für [oː]. Für [iː] finden sich gar vier Schreibweisen, nämlich ‹i›, ‹ie›, ‹ih› und ‹ieh›. Trotz dieser Polyrelationalität wird die Vokalquantität i. d. R. gekennzeichnet. Nerius (2000, 112) führt folgende Punkte an:

1. Folgt im Stammmorphem dem betonten Vokal kein Konsonant, so ist der Vokal lang.

2. Folgen dagegen zwei oder mehrere Konsonanten, so ist der Vokal kurz (von wenigen Fällen wie z. B. ‹Mond› abgesehen).

3. Folgt im Stammmorphem ein Konsonant, so wird die Vokallänge bzw. die Vokalkürze in vielen Fällen durch die Schreibung besonders gekennzeichnet.

Kennzeichnung der Vokalkürze

- Ist der betonte Vokal des Stammmorphems vor einem einzelnen Konsonanten kurz, so wird der Buchstabe für den Konsonanten verdoppelt. Dies betrifft Wörter mit deutscher Herkunft (tritt dies bei ‹kk› auf, so wird ‹ck› und tritt dies bei ‹zz› auf, so wird ‹tz› geschrieben).

  Beispiele: ‹Kamm›, ‹Kinn›, ‹Ruck›, ‹Katze›

Kennzeichnung der Vokallänge

- Ist der betonte Vokal des Stammmorphems vor einem einzelnen Konsonanten lang, so erfolgt die Kennzeichnung von [aː], [eː] und [oː] in einer kleinen Gruppe von Wörtern durch Verdoppelung des Vokals.

  Beispiele: ‹Staat›, ‹Beet›, ‹Boot›

- Das Phon [iː] wird in den meisten einheimischen Wörtern und in den Suffixen -ie, -ier und -ieren mit der Schreibung ‹ie› angezeigt. In Einzelfällen wird dafür auch ‹ih› oder ‹ieh› geschrieben.

  Beispiele: ‹Biene›, ‹Chemie›, ‹ihr›, ‹Vieh›

- Gehört der einzelne Konsonant nach langem betontem Vokal zur Gruppe [m, n, l, ʁ] so wird in vielen Fällen die Vokallänge durch ein Dehnungs-h angezeigt.

  Beispiele: ‹Kahn›, ‹Höhle›, ‹Lehre›, ‹Lehm›

Die eben aufgeführte Art der Regelbeschreibung wird von Ramers (1999, 53ff) als akzentbasierter Ansatz bezeichnet. Dabei trägt die Silbe mit dem Wortstamm im Deutschen i. d. R. den Wortakzent.

Demgegenüber steht ein Ansatz, der von Eisenberg (1986, 63ff) als silbenbasiert bezeichnet wird. Dabei werden Regularitäten der Vokalquantität von der Silbenstruktur ausgehend abgeleitet. Grundsätzlich werden folgende zwei Formen unterschieden:

- offene Silben (enden auf Vokal): der Vokal ist lang
  Beispiel: [ˈliːbə]

- geschlossene Silben (enden auf Konsonant): der Vokal ist kurz
  Beispiel: [lɪst]

Sind flektierte Formen möglich, die zu einer offenen Silbe führen, wird der Vokal als Langvokal realisiert, Es heißt z. B. ‹sagt› [zaːkt], weil man ‹sa|gen› ableiten kann.

Beide Herangehensweisen haben ihre Berechtigung und keine der Herangehensweisen kommt ohne die Angabe von Ausnahmen aus.

Diphthonge

Die Diphthonge sind einsilbige Verbindungen von zwei Vokalen, die sehr eng zueinander gehören. Da gewöhnlich jeder Vokal den Kern (Nukleus) einer separaten Silbe bildet, hier aber zwei Vokale zu einem Silbenkern verschmelzen und damit einer gemeinsamen Silbe angehören, wird der zweite Vokalteil des Diphthongs mit einem Unsilbigkeitszeichen [˯] markiert (vgl. 4.1). In der deutschen Standardaussprache existieren drei Diphthonge, denen unterschiedliche Schreibweisen zugeordnet werden:

- [ae̯] ‹ai, ei, eih, ey› wie in ‹Laib›, ‹Feier›, ‹Weihe›, ‹Meyer›

- [ao̯] ‹au, auh› wie in ‹Raub›, ‹rau› und

- [ɔø̯] ‹eu, äu› wie in ‹Leuchte› oder ‹Räuber›.

2.2 **Konsonanten**

Wenn man die Laut-Buchstabe-Beziehungen der Konsonanten beschreiben will, so empfiehlt sich eine Einteilung der Konsonanten in Gruppen wie Plosive [p-b, t-d, k-g], Frikative
[f-v, s-z, ʃ-ʒ, ç-x, ʁ], Nasalkonsonanten [m n ŋ], [h] als glottalen Laut und [j l] als Approximanten. Typisch für die Gruppen der Plosive und teilweise auch der Frikative ist, dass
jeweils zwei Laute in Opposition zueinander stehen, die sich durch ihren Spannungsgrad
unterscheiden wie z. B. [p] gespannt gegen [b] ungespannt oder [f] gespannt gegen [v] ungespannt.

   Die Plosive sind hinsichtlich ihrer Scheibweise am wenigsten kompliziert. Im Normal-
fall bildet die Schreibung die oben genannte Opposition zwischen Gespanntheit/fortis und
Ungespanntheit/lenis genau ab, d. h. [p t k] werden ‹p t k› und [b d g] werden ‹b d g› zugeordnet. Eine Verdoppelung des Konsonanten, wie sie z. B. in ‹Kappe, hatten, packen› zu
finden ist, reflektiert keine phonetische Besonderheit des Konsonanten, sondern zeigt nur
an, dass der vorausgehende Vokal kurz gesprochen werden muss. Die einzige Besonderheit
bildet die Regel der Auslautverhärtung. Diese Regel besagt, dass ‹b d g› in der Silbenkoda
als [p t k] realisiert werden (vgl. 4.4).

   Die Nasale [m n] und der Lateralapproximant [l] sind in Bezug auf ihre Schreibweise
den Plosiven ähnlich. Sie werden mit den entsprechenden Einzelbuchstaben ‹m n› bzw.
‹l› abgebildet und eine Verdopplung der Buchstaben zeigt keine phonetische Besonderheit
an, sondern verdeutlicht nur, dass der vorausgehende Vokal kurz gesprochen werden muss.
Anders verhält es sich mit dem Nasalkonsonanten [ŋ]. Er entwickelte sich aus der neuhoch-
deutschen Schriftsprache durch Assimilation von [n] vor [g] und [k]. So lässt sich auch
seine Schreibung ‹ng› erklären (vgl. 4.12). Das Phon [ŋ] tritt im Gegensatz zu den anderen
Nasalkonsonanten nur in bestimmten Positionen auf:

- in der Silbenkoda nach Kurzvokal (z. B. ‹singen›);

- [n] vor [k] (z. B. ‹Bank›).

Die Frikative stellen in Bezug auf die Beschreibung von Laut-Buchstabe-Beziehungen die
komplizierteste Gruppe dar. Hier lässt sich oftmals keine 1:1 Abbildung zwischen den einzelnen Ebenen herstellen. In vielen Fällen unterliegen die Frikative bestimmten distribu-
tionellen Besonderheiten, d. h. einzelne Laute können nur in bestimmten Silbenpositionen
auftreten. Dies kann man am Beispiel der Phone [s] und [z] erklären. Auf die Silbe bezo-
gen lässt sich als Regel formulieren, dass ‹s› im Onset einer Silbe als stimmhaftes [z] und
in der Silbenkoda als stimmloses [s] realisiert wird. Bei Schreibung von ‹ss› oder ‹ß› wird
unabhängig von der Silbenposition immer die stimmlose Variante [s] gesprochen.

Für die Frikative [f v] und [ç x] soll das Verhältnis von Schreibung und Aussprache in den folgenden Tabellen dargestellt werden. Dabei beziehen sich die Ausdrücke initial, medial und final auf den Wortanfang, die Wortmitte bzw. das Wortende.

Orthografische Wiedergabe des Frikativs [f]

Initial	Medial	Final
‹f›, ‹v›	‹f›, ‹ff›	‹f›, ‹ff›, ‹v›
‹füllen›, ‹Vater›	‹laufen›	‹Schaf›, ‹schroff›
‹ver-›	‹schaffen›	‹Nerv›

Orthografische Wiedergabe des Frikativs [v]

Initial	Medial	Final
‹w›	‹w›, ‹v›	-
‹Wasser›	‹Möwe›, ‹brave›	-

Orthografische Wiedergabe des Frikativs [ç]

Morpheminitial	Nicht morpheminitial	
	nach vorderen Vokalen	nach [n l ʁ]
‹ch›	‹ch›	‹ch›
‹China›	‹mich›, ‹Bäche›	‹manch›, ‹Dolch›
‹Frauchen›		‹Storch›

Orthografische Wiedergabe des Frikativs [x]

Nach hinteren Vokalen und [a aː] im selben Morphem
‹ch›
‹Buch›, ‹rauchen›, ‹nach›, ‹Dach›

Unproblematischer hingegen ist die Verteilung anderer Frikative wie [ʃ ʒ j h]. Die geringste Distribution weisen [j] und [h] auf. Sie treten von wenigen Ausnahmen abgesehen nur vor dem Akzentvokal auf und werden mit den entsprechenden Buchstaben ‹j› und ‹h› abgebildet (z. B. ‹Jammer›, ‹Hut›). Der [ʃ]-Laut wird orthografisch durch die Buchstabenfolge ‹sch› (z. B. ‹schade›) und im Morphemanlaut vor [p] und [t] durch ‹s› abgebildet (z. B. ‹Spiel›, ‹Stiel›). Die stimmhafte Variante [ʒ] kommt im Deutschen nur in Wörtern fremder Herkunft vor. Dieses Phon gehört deswegen nur zur Peripherie des Systems der deutschen Phone. Auf orthografischer Ebene lässt es sich durch ‹g› (z. B. ‹Gelee›) oder ‹j› (z. B. ‹Journalist›) abbilden.

Abschließend bleibt die Betrachtung des R, welches im Deutschen je nach Silbenposition oder regionaler Herkunft unterschiedlich realisiert wird. Konsonantische R-Varianten können das [ʁ] durch ‹r, rr› und ‹rrh› dargestellt werden, wie etwa in ‹Rose›, ‹Herr› oder ‹Myrrhe›. Häufig wird der Buchstabe ‹r› jedoch vokalisiert als [ɐ] gesprochen (vgl. 4.2).

2.3 Affrikaten und andere Konsonantenverbindungen

Die Affrikaten stellen innerhalb der Konsonanten eine besondere Gruppe dar. Es handelt sich dabei um eine Zusammensetzung aus einem Plosiv und einem Frikativ mit annähernd selber Bildungsstelle, die als Einheit (ähnlich wie die Diphthonge) betrachtet werden können. In der Regel weisen Schriftbild und Aussprache große Ähnlichkeiten auf. Beispiele hierfür sind [pf] ‹pf› wie in ‹Pferd›, [ts] ‹z, tz› wie in ‹Zeit›, ‹Katze›.

Die folgende Übersicht stellt alle Phone und deren Schreibweise noch einmal zusammenfassend dar (s. auch Duden 2005, 68ff; Altmann und Ziegenhain 2007, 122ff).

Vokale – Monophthonge

[a]	‹a›	‹Kamm›	‹kam›
[aː]	‹a, aa, ah›	‹baden, Staat, Kahn›	‹baːdɛn› ‹ʃtaːt› ‹kaːn›
[iː]	‹i, ih, ie, ieh›	‹Igel, ihn, Biene, Vieh›	‹iːgəl› ‹iːn› ‹biːnə› ‹fiː...›
[ɪ] ← *kurzes i !*	‹i›	‹Kinn›	‹kɪn›
[ʊ] ← *" u !*	‹u›	‹stumm›	‹ʃtʊm›
[uː]	‹u, uh›	‹Bude, Buhne›	‹buːdə› ‹buːnə›
[ɛ]	‹e, ä›	‹wenn, hält›	‹vɛn› [hɛlt]
[eː]	‹e, ee, eh›	‹wen, Beet, Lehne›	[veːn] [beːt], [leːnə]
[ɛː]	‹ä, äh›	‹Bären, zäh›	[bɛːən] [tsɛː]
[ə] ← *kurzes e*	‹e›	‹Weite›	[vaɛtə]
[ɐ] ← *r klingt wie ‹r›, a zum Schluss*	‹r, -er›	‹Tür, weiter›	[tyːɐ] [vaɛtɐ]
[ɔ] ← *"offers" o*	‹o›	‹komm›	[kɔm] ^
[oː]	‹o, oo, oh›	‹Mond, Boot, Wohl›	[moːnt], [boːt], [voːl]
[ʏ]	‹ü›	‹bücken›	[bʏkń]
[yː]	‹ü, üh›	‹Übel, kühn›	[yːbl] [kyːn]
[œ]	‹ö›	‹können›	[kœnən]
[øː]	‹ö, öh›	‹Öfen, Höhle›	[øːfn] [høːlə]

Vokale – Diphthonge

[aɛ]	‹ei, ai, eih, ey›	‹weil, Laib, Weihe, Meyer›
[aʊ]	‹au, auh›	‹Raub, rau›
[ɔø]	‹eu, äu›	‹Leuchte, Räuber›

Konsonanten

[l]	‹l, ll›	‹Mehl, hell›
[m]	‹m, mm›	‹Blume, kommen›
[n]	‹n, nn›	‹Hähne, kann›
[ŋ]	‹ng, n vor k›	‹singen, Bank›

[p]	‹p, pp, b, bb›	‹Pein, Trupp, Grab, schrubbt›
[b]	‹b, bb›	‹Bein, Robbe›
[t]	‹t, tt, dt, d›	‹Teer, hatten, Stadt, Rad›
[d]	‹d, dd›	‹Boden, Bodden›
[k]	‹k, ck, g, gg, ch›	‹kalt, hacken, lag, eggt, Christ›
[g]	‹g, gg›	‹gern, Roggen›
[f]	‹f, ff, v›	‹rufen, Neffe, Vater›
[v]	‹w, v›	‹Welle, Vase›
[s]	‹s, ss, ß›	‹las, hassen, heiß›
[z]	‹s›	‹reisen›
[ç]	‹ch›	‹weichen›
[j]	‹j›	‹ja›
[ʃ]	‹sch, sp, st›	‹schön, spät, stehen›
[ʒ]	‹g, j›	‹Gelee, Journalist›
[x] →kratzig wie Araberm	‹ch›	‹hauchen›
[ʁ]	‹r, rr, rh›	‹hören, Narr, Myrrhe›
[h]	‹h›	‹hole›

Affrikaten und andere Konsonantenverbindungen

[pf]	‹pf›	‹Pferd›
[ts]	‹z, tz›	‹Zeit, Katze›
[tʃ]	‹tsch, ch›	‹deutsch, Chile›
[dʒ]	‹dsch, j, g›	‹Dschungel, Jeans, Gin›
[ps]	‹ps›	‹Klops›
[kv]	‹qu›	‹Quelle›
[ks]	‹x, chs, ks, cks›	‹Hexe, wechseln, Keks, zwecks›

🖉 Übung: Transkribieren Sie die Beispielwörter zu den Vokalen, Diphthongen, Konsonanten, Affrikaten und Konsonantenverbindungen, die in den eben aufgeführten Tabellen jeweils in der rechten Spalte stehen. (Lösungen unter 12)

3 Varietäten und Variation

Betrachtet man die eigene Aussprache oder die seiner Kommunikationspartner und versucht sie zu transkribieren, wird man mit einer Vielzahl von Ausspracheformen, regionalen, situativen/stilistischen und individuellen Varianten konfrontiert. Es ergibt sich fast zwangsläufig die Frage nach falsch oder richtig bzw. nach der Einordnung und Bewertung von Varianten.

Im Folgenden soll in Anlehnung an Schönfeld (1985, 206–224) ein Modell des Varietätengefüges des Deutschen vorgestellt werden, das als Bezugsrahmen für die Einordnung von Varianten genutzt wird. Gleichzeitig dient dieses Varietätenschema als Hintergrund für die Erklärung sozialer, situativer und individueller Variation sowie die Diskussion der Bewertungsfrage.

Das heute gesprochene Deutsch tritt uns in drei koexistierenden nationalstaatlichen Formen entgegen: als Schweizer Deutsch, als Österreichisches Deutsch und als Bundesrepublikanisches Deutsch.

Wir beschränken unsere Überlegungen auf das in der BRD gesprochene Deutsch. Es weist eine historisch gewachsene große Variantenvielfalt und eine starke Binnengliederung auf. Diese ergibt sich zunächst aus der kommunikativen Reichweite, also der Größe des regionalen Geltungsbereichs, und umfasst drei Varietäten: die Standardaussprache, die Umgangssprachen und die Dialekte (vgl. Abb. 3.1). Die Abgrenzung der Varietäten voneinander ist in der Praxis oft schwierig, da die Übergänge zwischen ihnen fließend sind.

Die **Standardaussprache**, man könnte auch von einem National-Standard sprechen (Baßler und Spiekermann 2001, 2), ist eine überregionale, landschaftlich nicht beeinflusste Varietät. Ein Sprecher spricht Standarddeutsch, wenn nicht erkennbar ist, aus welcher Sprachlandschaft Deutschlands er stammt. Der Anteil der Standardsprecher ist gemessen an der Gesamtbevölkerung der BRD relativ klein, aber im Wachsen begriffen, u. a. bedingt durch die zunehmende Mobilität der Gesellschaft.

Die Standardaussprache besitzt ein hohes Sozialprestige. Bei Sprechern dieser Varietät wird zumeist ein höheres Bildungsniveau assoziiert (vgl. Huesmann 1998, 29 und 217f).

Sie umfasst verschiedene Stilebenen, die sich über unterschiedliche Präzisionsgrade der Aussprache ausdrücken. Standardaussprache z. B. beim Rezitieren klassischer Balladen unterscheidet sich von Standardaussprache im familiären Gespräch durch Häufigkeit und Grad von Lautschwächungen. Standardaussprache wird also nicht als einheitlich, sondern stilistisch variabel betrachtet (vgl. Krech et al. 1982, 73–77).

Die Norm der Standardaussprache ist nicht nur intern im Bewusstsein der Sprecher, sondern auch extern in Form von Kodizes, d. h. Aussprachewörterbüchern und phonetischen Regelbeschreibungen, gegeben (vgl. Duden 2000; Krech et al. 1982). Die Aussprachewörterbücher beschreiben allerdings nur einen speziellen Ausschnitt der Standardaussprache,

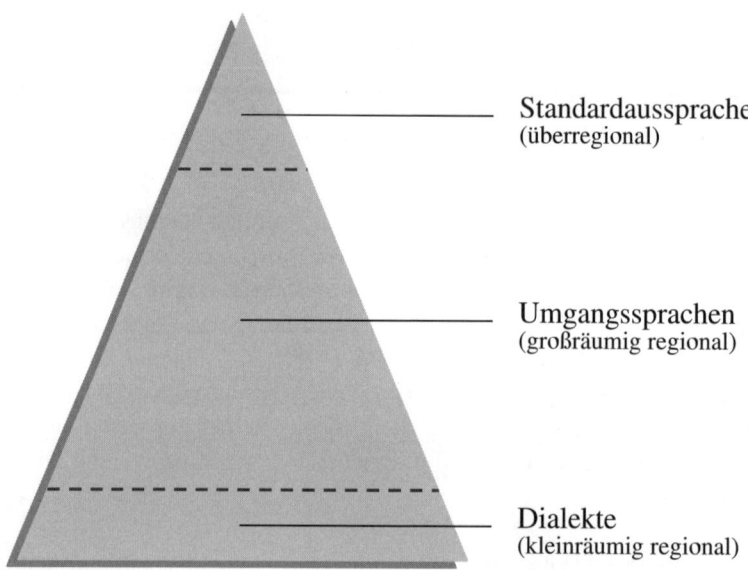

Standardaussprache
(überregional)

Umgangssprachen
(großräumig regional)

Dialekte
(kleinräumig regional)

Abbildung 3.1: Varietätenmodell des Deutschen in der BRD

nämlich eine Aussprache, die dem nicht regionalen, formellen Vorlesen isolierter Wörter entspricht. Hinzu kommt, dass die Aussprache der Wörter nicht nur deskriptiv, sondern, mit sprachpflegerischer Absicht, auch präskriptiv geregelt wird. Die überregionale Aussprache im realen, kommunikativen Vollzug soll oder kann zum jetzigen Zeitpunkt nicht befriedigend berücksichtigt werden.

Eine regionale **Umgangssprache** wie Fränkisch, Schwäbisch, Thüringisch usw. spricht ein Sprecher, wenn der Großraum, aus dem er stammt, also die Herkunftsregion allgemein, erkennbar ist. Umgangssprachen können mit mehr oder weniger starker regionaler Färbung realisiert werden, also standard- oder dialektnäher sein.

Für alle Muttersprachler sind auch Umgangssprachen anderer Regionen gut verständlich. Der größte Teil der Bevölkerung spricht zum gegenwärtigen Zeitpunkt eine in unterschiedlichem Maße regional geprägte Umgangssprache.

Natürlich ist auch die Umgangssprache stilistisch variabel. Der Sprecher passt sich durch mehr oder weniger deutliche Aussprache, aber auch durch standardnähere oder dialektbeeinflusste Aussprache der Kommunikationssituation an.

Umgangssprachen sind nicht kodifiziert oder von außen normiert. Es gibt für sie also bis jetzt keine externen Normen. Empirisch gesicherte Beschreibungen liegen nur für einen Teil der Umgangssprachen vor (z. B. Froitzheim 1984; Langer 1990; Schönfeld 1983; Spangenberg 1998). Mihm (1998) unternimmt den Versuch, einen vorläufigen Überblick zu geben. Allerdings steuern auch beim Gebrauch einer Umgangssprache interne, zur sprachlichen Kompetenz gehörende Normen die Aussprache der Sprecher (vgl. Huesmann 1998, 17ff).

Gelegentlich wird der Begriff *Umgangssprache* statt für großräumige Regionalstandards für die Sprache des Miteinander-Umgehens, die Aussprache der face-to-face-Kommunikation verwendet (vgl. Wiesinger 1997, 10f; Scheutz 1999, 105f). Da in solchen Situationen aber sowohl überregional, etwas regional geprägt oder auch dialektal kommuniziert wird, erweist sich diese Begriffsverwendung als wenig hilfreich. Deshalb wird sie hier ausdrücklich ausgeschlossen. Um solche wiederkehrenden Missverständnisse zu vermeiden, wäre der Terminus *Regionalstandard* u. U. vorzuziehen (Baßler und Spiekermann 2001, 2f). Wegen der Verbreitung des Begriffs *Umgangssprache* wird trotzdem mit der anfänglich erläuterten Bedeutung an ihm festgehalten.

Die Abgrenzung von Standardaussprache und regionalen Umgangssprachen ist oft schwierig. Gelegentlich genügt eine vereinzelt vorkommende regionale Ausspracheform oder ein Melodieverlauf, um die Sprachlandschaft, aus der der Sprecher kommt, zu erkennen. Ist ansonsten die Äußerungsform überregional, ist die Zuordnung zu einer Varietät problematisch.

Die **Dialekte** haben im Vergleich zu den Umgangssprachen einen viel kleineren regionalen Geltungsbereich. So weist beispielsweise das Thüringische nach Spangenberg (1993, XV) neun Dialektgebiete auf, innerhalb derer noch weiter differenziert werden kann. Die regionale Prägung und damit Verschiedenartigkeit ist also sehr groß. Deshalb sind Dialekte auch für nicht Dialekt sprechende oder aus anderen Regionen kommende Muttersprachler zunächst nur eingeschränkt oder nicht verständlich. Das spricht für die stark eingeschränkte Verwendbarkeit von Dialekten.

Der Anteil der Dialekt sprechenden Bevölkerung nimmt ab. Geringere Bodenständigkeit, häufiger Umzug der Eltern, das frühe Verlassen des Heimatortes zur Schul- und weiterführenden Ausbildung sowie der Einfluss von Rundfunk und Fernsehen tragen u. a. dazu bei (Wiesinger 1997, 19f; Huesmann 1998).

Auch Dialektsprecher variieren die Aussprache situativ. Mit Fremden oder in offiziellen Situationen, bei Behörden oder vor einer Fernsehkamera wird in die stark regional geprägte Umgangssprache gewechselt. Der Sprecher meint, er spräche nun "Hochdeutsch".

Richtschnur für Lehre und Unterricht ist zunächst die **Standardaussprache** als überregionale nicht landschaftlich beeinflusste Lautung. Sie ist die Ausspracheform mit dem höchsten Sozialprestige und in allen Kommunikationssituationen verwendbar. Ihre Beschreibung sollte keine Fiktion und kein unerreichbares Ideal sein, sich auch nicht nur auf das Sprechen isolierter Wörter beziehen, sondern eine Gebrauchsnorm darstellen, die realisierbar und natürlich ist und sich an den Erfordernissen und Gegebenheiten der Sprechrealität orientiert.

Auch das GWdA (Krech et al. 1982, 12) und der Duden (2000, 34f) betrachten die Norm der Standardaussprache als überregionale Gebrauchsnorm, die sich an der Sprechwirklichkeit orientiert bzw. ihr nahe kommt. Anders als der Duden verstehen wir den Standard aber nicht als durch das Schriftbild bestimmt und auch nicht als einheitlich, also Varianten ausschließend. Beides ist mit dem Grundsatz der Orientierung an der Sprechwirklichkeit (ebenfalls Duden) unvereinbar.

Die Norm der Standardaussprache wird vielmehr als Norm oder Richtschnur für eine natürliche, stilistisch adäquate, also situativ variable Lautung verstanden. Sie beschreibt eine realitätsbezogene Sprechweise, die, aufgrund entsprechender Kommunikationserfahrung, erwartet und eher unauffällig ist und vom Kommunikationspartner als angemessen akzeptiert wird. Das ist durch **eine** Ausspracheform nicht leistbar und erfordert eine Differenzierung innerhalb der Standardaussprache. Wir schließen uns deshalb Meinhold (1973, 1986) an und unterscheiden zwei Stilebenen oder Präzisionsstufen überregionaler Aussprache: die gehobene phonostilistische Ebene und die phonostilistische Ebene des Gesprächs.

Die **gehobene phonostilistische Ebene** wird z. B. beim Rezitieren klassischer Lyrik oder Vortrag festlicher Reden gebraucht und ist eher selten zu hören.

Die breiter angelegte **phonostilistische Ebene des Gesprächs** ist dagegen die Ebene alltäglicher standardsprachlicher Kommunikation und reicht vom dialogisch gehaltenen Vortrag bis zum (überregional artikulierten) Gespräch.

Jeder Muttersprachler beherrscht aus dem Varietätenkontinuum einen mehr oder weniger großen Ausschnitt. Zumindest perzeptiv ist jeder durch den Kontakt mit den Massenmedien Rundfunk und Fernsehen mit der überregionalen Standardaussprache vertraut und würde aufgrund seiner perzeptiven standardsprachlichen Kompetenz regionale oder zu stark reduzierte, zu lässige Ausspracheformen als unangemessen und nicht situationsadäquat wahrnehmen.

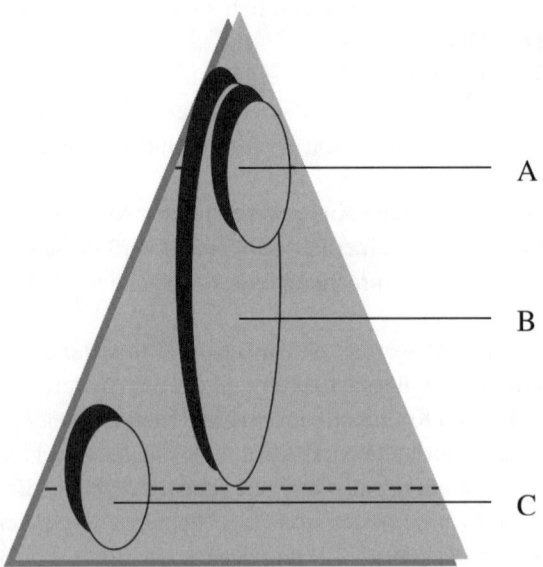

Abbildung 3.2: Aktive Varietätenkompetenz fiktiver Sprecher (A, B, C)

Die artikulatorische muttersprachlichen Kompetenz wird dagegen nur bei einem kleinen Teil der Bevölkerung die Standardaussprache einschließen. Bei solchen Standardsprechern handelt es sich zum Teil um Berufssprecher, die die standardsprachliche Artikulation im frühen Erwachsenenalter durch gezieltes Aussprachetraining bewusst erworben haben (vgl. in Abbildung 3.2 A). Das schließt nicht aus, dass sie neben dem Standard eine großräumig regionale Umgangssprache oder vielleicht sogar noch einen Dialekt beherrschen (vgl. in Abbildung 3.2 B).

Aber auch Personen, die nur eine Umgangssprache sprechen, verfügen über einen gewissen Ausschnitt aus dem Dialekt-Umgangssprachen-Kontinuum, aus dem sie je nach Situation eine mehr oder weniger standardnahe oder dialektnahe Ausspracheform wählen.

C in Abb. 3.2 könnte für die aktive Kompetenz eines Dialektsprechers oder einer Dialektsprecherin, z. B. einer älteren Bäuerin stehen, die über den Gartenzaun hinweg mit ihrer Nachbarin im heimatlichen Dialekt schwatzt, einem Fremden aber in vermeintlichem "Hochdeutsch" – d. h. stark dialektal geprägter Umgangssprache – eine Wegeauskunft erteilt.

Einen Überblick über den Varietätengebrauch in den "alten Bundesländern" gibt Huesmann (1998). Sie beschreibt als typisch für den Norden den Gebrauch einer standardnahen Umgangssprache, die in formellen Situationen standardnäher oder in informellen, eher privaten Situationen regionaler gefärbt ist. Diese situativ bestimmte Ausprachevariation innerhalb einer Varietät nennt sich Shifting. Den Süden beschreibt sie dagegen als signifikant dialektaler. In informellen Situationen wird häufig ein Dialekt gesprochen. In formellen Situationen wechselt man in eine standardnahe Umgangssprache. Diesen situativen Wechsel in eine andere Varietät bezeichnet Huesmann als Switchen.

Alle drei Varietäten können in bestimmten Situationen mit bestimmten Kommunikationspartnern optimal kommunikativ sein. Gerade Dialekte und regionale Umgangssprachen signalisieren regionale und soziale Zugehörigkeit und können sozial integrierend wirken und die Verständigung auf diese Weise begünstigen. Andere Situationen, das Rezitieren klassischer Dichtung oder Sprechen von Nachrichten, erfordern überregionale Standardaussprache. Auch für die Schulen, weiterführende Bildungseinrichtungen und den amtlichen Gebrauch fordern einige Bundesländer Standardaussprache.

Unbewusst richten wir uns nach diesen Erfordernissen, soweit unsere Kompetenz das erlaubt, und reagieren damit auf Raum, Ort, Zeit, Kommunikationspartner und Kommunikationsgegenstand. Wir benutzen unsere verschiedenen "Ausspracheregister" als Instrument sprachlichen Handelns um Kommunikationssituationen zu entsprechen, sie zu beeinflussen und auch um bestimmte Kommunikationsziele zu erreichen.

Der für den aktiven Gebrauch zur Verfügung stehende Varietätenausschnitt ist gleichzeitig Ausdruck der individuellen Sprachsozialisation, beeinflusst durch die regionale und soziale Herkunft, die jeweilige Bildungsbiografie und unsere Kommunikationserfahrungen in verschiedenen Kommunikationssituationen. Daneben prägen individuelle Eigenschaften wie motorische Geschicklichkeit und Sprechtemperament unsere Aussprache. Somit ist die Aussprache Teil unserer Visitenkarte, Ausdruck unseres Selbst und gleichzeitig Instrument sprachlichen Handelns.

Literaturempfehlungen

Duden (2000). *Duden. Aussprachewörterbuch*. Mannheim, Leipzig, Wien, Zürich.

Krech, E.-M., E. Kurka, H. Stelzig, E. Stock, U. Stötzer, und R. Teske (Hrsg.) (1982). *Großes Wörterbuch der deutschen Aussprache* (2 Aufl.). Leipzig: VEB Bibliographisches Institut.

Huesmann, A. (1998). *Zwischen Dialekt und Standard. Empirische Untersuchung zur Soziolinguistik des Varietätenspektrums im Deutschen*. Tübingen.

Schönfeld, H. (1985). Varianten, Varietäten und Sprachvariation. *Zeitschrift für Phonetik, Sprachwissenschaft und Kommunikationsforschung 38*, 206–224.

Teil II

Normative Transkription der deutschen Standardaussprache

4 Allgemeine Ausspracheregeln der Standardaussprache

Beim zusammenhängenden Sprechen reihen wir nicht Laut für Laut aneinander, sondern planen und realisieren größere Bewegungseinheiten, Wörter oder Wortgruppen. Da die Artikulationsorgane sich u. a. wegen ihrer unterschiedlichen Masse verschieden schnell bewegen und außerdem plötzliche, ruckartige Bewegungen sehr unökonomisch sind, bereiten Organe, die bei der Bildung eines Lautes nicht aktiv sind, schon den nächsten vor bzw. behalten die Position für einen bereits realisierten Laut noch bei. Bewegungen für die Bildung aufeinander folgender Laute überlagern sich auf diese Weise. Laute beeinflussen sich u. U. wechselseitig. Dieses Phänomen nennt man *Koartikulation* (Menzerath und Lacerda 1933).

Beispiel: Artikuliert man das Wort ‹Küche›, spürt man, dass die Lippenrundung für den Laut [yː] bereits bei [k] einsetzt. Dadurch verändert sich der Klang des [k] etwas. Es wird koartikulatorisch überformt und unterscheidet sich von den [k] in ‹Kachel, kichern, Kuchen, Kelch, Knödel›. Denkt man sich das jeweilige Wort und flüstert nur das [k], kann man die durch den Einfluss des Nachbarlautes bedingte Verschiedenartigkeit der K-Laute gut hören.

Die Auswirkungen von Koartikulation können minimal sein, so dass sie beim Transkribieren von uns zunächst vernachlässigt werden (wie in unserem Beispiel zu [k]). Sie können aber den Laut auch stark verändern: ‹leben› wird in der Regel im Gespräch als [ˈleːbm̩] gesprochen. Dabei ist [ə] ausgefallen (elidiert) und das [n] an das bilabiale [b] angeglichen (assimiliert).

Es gibt kein Sprechen ohne Koartikulation. Auf welche Art und Weise sie sich allerdings auf die Laute einer Sprache auswirkt, ist sprachspezifisch. In welchem Maße sie wirkt, wird auch durch die Sprechsituation festgelegt.

Gewisse koartikulatorische Prozesse sind im Deutschen obligatorisch. Sie finden immer statt, wenn gesprochen wird, sind Bestandteil des Deutschen und bestimmen seinen Klangcharakter. Sie liegen in Form von phonologisch-phonetischen Regeln vor und sind Teil der im Anschluss vorgestellten Ausspracheregeln.

Neben Regeln, die sich auf koartikulatorisch bedingte Prozesse zurückführen lassen, gibt es Gesetzmäßigkeiten der deutschen Standardaussprache, die nicht aus artikulatorischen Angleichungsprozessen resultieren. Sie spiegeln phonotaktische bzw. distributionelle Gegebenheiten des Deutschen wider, beziehen sich also auf Auftretensbedingungen für Laute in bestimmten Silbenpositionen. Daneben bestimmen die Position im Wort, die Morphemzugehörigkeit sowie der Akzent das Auftreten von Lauten (i. E. Altmann und Ziegenhain 2007, S. 91-98).

Im Folgenden werden alle wesentlichen, generell, also situationsunabhängig für die deutsche Standardaussprache geltenden Regeln des Deutschen erläutert. Entsprechende Transkriptionsübungen auf Wort- oder Wortgruppenebene schließen sich an.

4.1 Silbisch und unsilbisch

Die Silbe ist eine wichtige phonetische Bezugsgröße. Oft ist die konkrete Aussprache von Lauten von der Position des Lautes in der Silbe abhängig. Die Silbengrenze wird im IPA bei Bedarf durch einen Punkt [.] markiert, z. B. [liː.bə] ‹Liebe›.

Die Silbe ist die kleinste rhythmische Einheit der Sprache. Wir sprechen jede einzelne Silbe sehr deutlich, wenn wir Abzählreime sprechen oder Verse skandieren. Der hierbei entstehende Eindruck der Gegliedertheit resultiert aus der auditiv wahrgenommenen Lautstärke bzw. Schallfülle, die eine eher impressionistische Größe darstellt. Sie ist im Zentrum der Silbe am größten, während sie zu den Silbenrändern abfällt.

Laute lassen sich nach dem auditiv wahrgenommenen Schallfüllegrad auf einer Sonoritätsskala anordnen (vgl. auch Hall 2000, 224; Altmann und Ziegenhain 2007, 96):

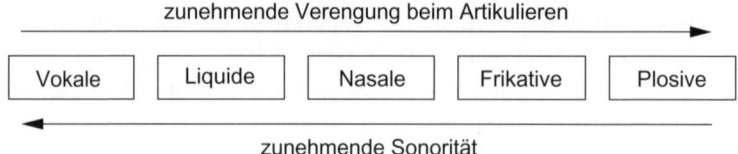

Eine Silbe besitzt zunächst immer einen Silbenkern, den Nukleus. Der Nukleus ist der Teil der Silbe mit der größten Schallfülle. Die Laute mit der größten Schallfülle sind die Vokale. Sie wirken damit von Natur aus silbenbildend, das heißt sie sind in der Regel silbisch. Jeder Vokal bildet genau einen Nukleus und damit eine Silbe.

Konsonanten können sich an den Vokal anlagern. Innerhalb einer Silbe vor dem Vokal bilden sie den Onset, alle Konsonanten nach dem Vokal bilden die Koda der Silbe. Konsonanten sind wegen ihrer geringeren Schallfülle nicht silbenkonstituierend, in der Regel also unsilbisch.

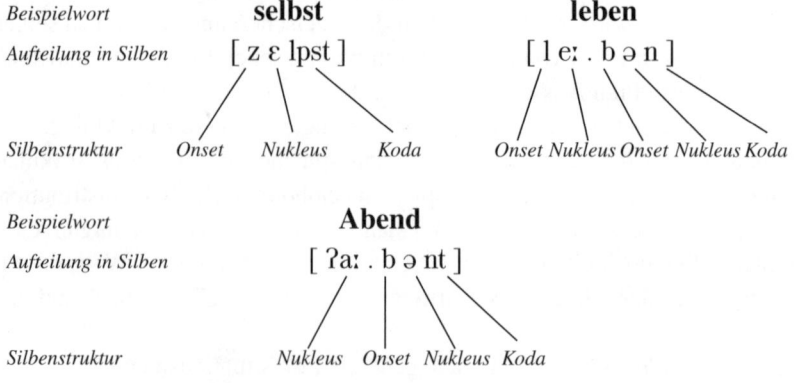

Abbildung 4.1: Silbenstruktur: Onset, Nukleus, Koda

Eine Silbe muss einen Nukleus besitzen, Onset und/oder Koda können aber fehlen.

Während die Vokale Lautstärkegipfel bilden, fällt die Intensität zu den Silbenrändern zunehmend ab, so dass hier Intensitätsstufen oder Intensitätseinschnitte entstehen, die wir als gliedernde rhythmische Zäsuren empfinden.

Gelegentlich sind Silbengrenzen weniger gut erkennbar. Nach Kurzvokalen können Konsonanten sowohl zur Koda der ersten Silbe als auch zum Onset der zweiten Silbe gehören. Orthographisch wird das durch Doppelschreibung gekennzeichnet, obwohl nur *ein* Laut phonetisch realisiert wird! Man spricht in diesem Fall von ambisyllabischen Konsonanten. Die Silbengrenze wird hier mit einem Punkt unter dem transkribierten Laut markiert. Beispiele:

‹wollen›	[ˈvɔḷən]
‹wissen›	[ˈvɪṣn̩]
‹können›	[ˈkœṇən]
‹Karre›	[ˈkaʁə]
‹Ebbe›	[ˈʔɛḅə]
‹Egge›	[ˈʔɛɡə]

Auf eine ausführliche Darstellung der Silbenproblematik wird hier mit Verweis auf die folgenden Literaturempfehlungen verzichtet.

Literaturempfehlungen

Altmann, H. und U. Ziegenhain (2007). *Phonetik, Phonologie und Graphemik fürs Examen.* Göttingen: Vandenhoeck & Ruprecht.

Hall, T. A. (2000). *Phonologie. Eine Einführung.* Berlin: de Gruyter.

Ladefoged, P. (1993). *A Course in Phonetics.* (3 Aufl.). London/New York: Harcourt Brace Jovanovich.

Pike, K. L. und E. Pike (1947). Immediate constituents of Masateco syllables. *International Journal of American Linguistics* 13, 78–91.

Ramers, K. H. (1998). *Einführung in die Phonologie.* UTB für Wissenschaft. München: Wilhelm Fink.

Unsilbisch [̯]

Jeder einzelne Vokal bildet in der Regel genau einen Silbenkern.

Bildet ein Vokal ausnahmsweise keinen separaten Silbenkern, sondern verschmilzt mit dem unmittelbar vorangehenden Vokal zu einem gemeinsamen Nukleus, so ist er unsilbisch. Das Diakritikum [̯] bezeichnet die Unsilbischkeit. Oft ist nur durch dieses Zeichen zu unterscheiden, ob ein Wort einsilbig, also mit einem Druckgipfel, oder zweisilbig, also mit zwei Druckgipfeln, zu sprechen ist. Dieser Unterschied ist wesentlich, weil er bedeutungsunterscheidend wirkt.

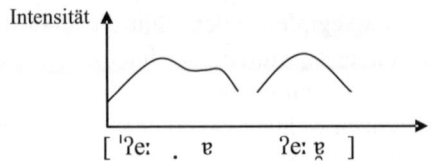

Abbildung 4.2: Intensität und Silbischkeit bei ‹eher› [ˈʔeː.ɐ] vs. ‹er› [ʔeːɐ̯]

Silbisch [ˌ]

Konsonanten sind wegen der geringeren Schallfülle in der Regel nicht silbenbildend. Sie sind unsilbisch. Werden Konsonanten doch zu Silbenkernen, werden sie also silbisch, wird das durch das Diakritikum [ˌ] bezeichnet.

Nur Konsonanten mit relativ großer sonorer Schallfülle, das sind [m n ŋ l] (vgl. Sonoritätsskala), können silbisch werden. Dies geschieht regelhaft nur nach Ausfall des [ə] in den Suffixen ‹-en, -em, -el› nach Plosiven und Frikativen. Nach Plosiven (und gelegentlich auch nach [x]) kommt es gleichzeitig zu einer Angleichung der Bildungsstelle des Nasalkonsonanten an den vorangehenden Plosiv.

Beispiele:

‹wissen›	[ˈvɪsn̩]
‹lachen›	[ˈlaxn̩] oder [ˈlaxŋ̍]
‹schaffen›	[ˈʃafn̩]
‹werden›	[ˈveːɐ̯dn̩]
‹hatten›	[ˈhatn̩]
‹haben›	[ˈhaːbm̩]
‹Kappen›	[ˈkapm̩]
‹wegen›	[ˈveːgŋ̍]
‹Haken›	[ˈhaːkŋ̍]
‹mit kurzem Mantel›	[mɪt kʊɐtsm̩ ˈmantl̩]

Fällt das Suffix-[ə] nach Vokalen, Nasalkonsonanten, [l] oder [ʁ] aus, geht eine Silbe verloren und der folgende Konsonant wird in der Regel nicht silbisch.

Beispiele:

    ⟨gehen⟩   [g̊eːn]

    ⟨kennen⟩   [kɛn]   oder   [kɛn̩]

    ⟨wollen⟩   [vɔln]

    ⟨hören⟩   [høːɐ̯n]

> **Merke:** Jede Silbe hat in der Regel einen Vokal.
> In Silben mit zwei Vokalen ist der zweite Vokal unsilbisch ([̯]).
> In Silben ohne Vokal wird [n m ŋ] oder [l] silbisch ([̩]).

◉ Übung und Tonbeispiel 6.1

4.2 R-Vokalisation

Die Aussprachekodifizierung von ⟨r⟩ hat sich im Laufe des letzten Jahrhunderts stark verändert. Zu Beginn des 20. Jahrhunderts wurde für ⟨r⟩ in allen Positionen die Realisation eines Zungenspitzen-R ([r]) gefordert. Auf der Bühne und auch in der Schule war der apikale Schwirrlaut die verbindliche R-Form (Siebs 1898, 51).

Im Laufe des 20. Jahrhunderts hat sich die Akzeptanz anderer R-Formen bis hin zum Reduktionsvokal immer mehr durchgesetzt. Heute finden wir apikale Schwirrlaute eher selten, und zwar eher in regional geprägten Äußerungen. In der Standardaussprache dominieren frikative Realisationen ([ʁ]) und Vokalisationen ([ɐ]).

Für die Aussprache von ⟨r⟩ ist u. a. die Position in der Silbe bestimmend (zu Silbenaufbau und Teilen der Silbe vgl. unter 4.1). Die Bezugsbasis für die unten stehenden Regeln ist also immer die Silbe.

Grundsätzlich gilt, dass im Onset der Silbe, also in einer Silbe vor dem Vokal, immer konsonantische R, am besten [ʁ], transkribiert werden. In der Koda, innerhalb einer Silbe nach dem Vokal, wird entweder [ʁ] oder der Reduktionsvokal [ɐ] gesprochen. Die Regeln für die Vokalisation werden im Folgenden dargestellt.

In folgenden Positionen wird ⟨r⟩ als vokalisches [ɐ] bzw. unsilbisches [ɐ̯] realisiert:

1. Steht **⟨r⟩ nach einem Langvokal in der Silbenkoda** derselben Silbe, so wird es vokalisiert. Da [ɐ] in allen diesen Fällen der zweite Vokal der Silbe ist, wird er unsilbisch ([ɐ̯]).

Beispiele:

<Meer>   [meːɐ̯]   aber   <Meere>   [ˈmeːʁə]

<Tür>   [tyːɐ̯]   aber   <Türen>   [ˈtyːʁən]

<schwer>   [ʃveːɐ̯]   aber   <schwerer>   [ˈʃveːʁɐ]

[ʁ] bildet hier den Onset einer zweiten, nicht zu [eː] bzw. [yː] gehörenden Silbe.

2. Die **Präfixe <er-, ver-, zer-, her->** werden mit Reduktionsvokal realisiert. Dabei sind eine längere Form mit zwei Vokalen und eine kürzere Form, die bei schnellerem Sprechen entsteht, möglich:

<er->   [ˈʔɛɐ̯]   oder   [ʔɐ]

<ver->   [fɛɐ̯]   oder   [fɐ]

<zer->   [tsɛɐ̯]   oder   [tsɐ]

<her->   [hɛɐ̯]   oder   [hɐ]

Beispiele:

<erledigen>   [ʔɛɐ̯ˈleːdɪgən]   oder [ʔɐˈleːdɪgən]

<verlangen>   [fɛɐ̯ˈlaŋən]   oder [fɐˈlaŋən]

<zerschneiden>   [tsɛɐ̯ˈʃnae̯dən]   oder [tsɐˈʃnae̯dən]

<hervor>   [hɛɐ̯ˈfoːɐ̯]   oder [hɐˈfoːɐ̯]

aber <herein>   [ˈhɛʁae̯n]

3. Das **Suffix <-er>** wird, wenn es innerhalb einer Silbe steht, unisegmental als Reduktionsvokal realisiert. Ist es auf zwei Silben verteilt, wird es bisegmental als [əʁ] gesprochen.

Beispiele:

<weiter>   [ˈvae̯tɐ]   aber <weitere>   [ˈvae̯təʁə]

<klettern>   [ˈklɛtɐn]   <du kletterst>   [duː ˈklɛtɐst]

               aber   <ich klettere>   [ʔɪç ˈklɛtəʁə]

Trifft keine der drei Regeln zu, ist ein konsonantisches R, am besten [ʁ], zu sprechen.

Merke:

- Im Silbenonset vor dem Vokal erscheint immer [ʁ].

- Nach Langvokal in der Silbenkoda und in den Präfixen <er-, ver-, zer-, her-> wird <r> als Reduktionsvokal [ɐ] realisiert.

- Steht das Suffix <-er> innerhalb *einer* Silbe, wird es ebenfalls zum Reduktionsvokal.

Im standardsprachlichen Gespräch schreitet die R-Vokalisation in der Koda noch weiter voran (vgl. S. 73, 5).

🌐 Übung und Tonbeispiele 6.2

4.3 S-Laut-Realisation

Standardsprachlich erscheint im Onset von Silben am Wortanfang (absoluter Anlaut) in deutschen Wörtern immer [z] (Ternes 1999, 189). Im Onset von Silben innerhalb von Wörtern (das bedeutet zwischen Vokalen) kann [z] oder [s] auftreten: ‹weise› [vae̯zə] - ‹weiße› [vae̯sə]. In der Koda wird immer das Fortis [s] gesprochen (vgl. Auslautverhärtung).

In vielen Regionen Deutschlands wird nicht zwischen stimmhaftem und stimmlosem S unterschieden. Es wird stattdessen immer ein stimmloses Fortis-S gesprochen. Hieraus ergeben sich oft Probleme bei der standardsprachlichen S-Laut-Transkription. In diesem Fall kann aus der Schreibweise und der Position des S-Lautes in der jeweiligen Silbe auf den richtigen standardsprachlichen S-Laut geschlossen werden: Bei Schreibung eines einfachen ‹s› wird dieser Laut im Onset einer Silbe als [z], in der Koda einer Silbe als [s] gesprochen.

Beispiele:

‹Su-si›	[ˈzuː - ziː] (vgl. 4.5)
‹See-rei-se›	[ˈzeː - ʁae̯ - zə]
‹das›	[d̥as]
‹los›	[loːs]

Schreibt man hingegen ein ‹ß› oder ‹ss›, ist immer ein stimmloses [s] zu realisieren. Beispiele:

‹lassen›	[ˈlasn̩]
‹weiß›	[vae̯s]

Merke: Steht ‹s› in einer Silbe vor dem Vokal, sprich [z]; nach dem Vokal sprich [s]; ‹ss› oder ‹ß› stehen immer für [s].

🌐 Übung und Tonbeispiele 6.3

4.4 Auslautverhärtung

Die Lenis-Plosive [b d g] und die Lenis-Frikative [v z ʒ] werden in der Silbenkoda zu Fortes und als [p t k] bzw. [f s ʃ] realisiert.

Die Fortisierung tritt nicht nur im absoluten Auslaut ein, sondern trifft für die gesamte Silbenkoda zu. Weitere Konsonanten können also noch folgen (Beispiel: ‹selbst› [zɛlpst]).

Beispiele:

⟨Weg⟩	[veːk]
⟨Ausweg⟩	[ˈʔaʊ̯sveːk]
⟨Wegstrecke⟩	[ˈveːkʃtʁɛkə]
⟨unwegsam⟩	[ˈʔʊnveːkza̩ːm]
⟨du lebst⟩	[d̥uː ˈleːpst]
⟨er lebt⟩	[ʔeːɐ̯ ˈleːpt]

aber

⟨Wege⟩	[ˈveːgə]
⟨Wegezeit⟩	[ˈveːgətsaɛ̯t]
⟨ich lebe⟩	[ʔɪç ˈleːbə]

Ausnahme: Folgen auf [b d g] im Wortstamm [l], [ʁ] oder [n] und folgt auf diese Lautverbindung ein Suffix, tritt keine Auslautverhärtung ein.

Beispiele:

⟨Wandlung⟩	[ˈvandlʊŋ]	vs. ⟨Wandleuchte⟩	[ˈvantlɔø̯çtə]
⟨Handlung⟩	[ˈhandlʊŋ]	vs. ⟨handlich⟩	[ˈhantlɪç]
⟨Radler⟩	[ˈraːdlɐ]	vs. ⟨radlos⟩	[ˈraːtloːs]
⟨übrig⟩	[ˈʔyːbʁɪç]	vs. ⟨üblich⟩	[ˈʔyːplɪç]
⟨leugnen⟩	[ˈlɔø̯gnən]	vs. ⟨Zeugnis⟩	[ˈtsɔø̯knɪs]

> Merke: [b d g] und [v z ʒ] werden in der Silbenkoda als [p t k] und [f s ʃ] realisiert – außer es folgen [l, ʁ, n] im Wortstamm vor einem Suffix.

☞ Übung und Tonbeispiele 6.4

4.5 Progressive Stimmlosigkeitsassimilation

Zur Realisierung stimmloser Fortis-Plosive und Fortis-Frikative steigt der Ausatemluftdruck etwas an. Nach diesen Lauten muss es zunächst zu einem Druckausgleich zwischen der Luft unter- und oberhalb der Glottis kommen. Das kann den Beginn der Stimmbandschwingung bei nachfolgenden stimmhaften Lauten erschweren – besonders bei stimmhaften Lenis-Plosiven und stimmhaften Lenis-Frikativen.

Hieraus hat sich die Regel der progressiven Stimmlosigkeitsassimilation entwickelt. Sie besagt, dass die stimmhaften Lenis-Plosive [b d g] und die stimmhaften Lenis-Frikative [z ʒ] nach Pausen und stimmlosen Lauten stimmlos realisiert werden. Der folgende Laut gleicht sich also an den vorangehenden in Bezug auf die Stimmbeteiligung an. Er wird progressiv assimiliert.

(Bei den Lenis-Frikativen [v] und [ʁ] und gelegentlich beim Approximanten [j] tritt Stimmlosigkeit nach Pausen oder stimmlosen Lauten nicht so regelmäßig und individuell in unterschiedlichem Maße ein. Sie ist hier fakultativ.)

Beispiele:

  ‹auf das Dach› [ʔao̯f das ˈd̥ax]

  ‹die Absicht› [d̥iː ˈʔap̥z̥ɪçt]

  ‹der Ausgang› [d̥eːɐ̯ ˈʔao̯sɡ̊aŋ]

> **Merke:** [b d g] und [z ʒ] werden nach Pausen und nach [p t k f s ʃ ç x] stimmlos als [b̥ d̥ g̊] bzw. [z̥ ʒ̊] gesprochen.

🌐 Übung und Tonbeispiele 6.5

4.6 Fester Stimmeinsatz [ʔ]

Beginnt eine deutsche Silbe mit einem Vokal, so beginnt die Stimmbandschwingung aus dem Vollverschluss der Glottis. Die Stimmbänder legen sich also aneinander, Ausatemluft staut sich unter ihnen und der Druck steigt an. Der Stimmbandverschluss wird dann explosionsartig gesprengt, wobei ein Sprenggeräusch, das *glottal-stop* oder *Knacklaut* oder *fester Stimmeinsatz* genannt wird, entsteht. Der feste Stimmeinsatz stellt also die spezifische Art des Vokalbeginns aus der Vollverschlussphase der Stimmlippen heraus dar. Das Knacken signalisiert, dass eine Silbe beginnt.

 Zunächst ist der feste Stimmeinsatz in folgenden Positionen immer zu transkribieren:

- wortinitial: ‹Abend› [ˈʔaːbm̩t]
- in der Wortfuge bei Komposita: ‹Sommerabend› [ˈzɔmɐʔaːbm̩t]
- nach Präfixen: ‹beachten› [b̥əˈʔaxtn̩]

Vokale im Anlaut von unbetonten Suffixen setzen nicht mit festem Stimmeinsatz ein (‹Seher› [zeːɐ], ‹Ruhe› [ʁuːə]).

 Weiterhin sollte innerhalb von Fremdwörtern kein fester Stimmeinsatz realisiert werden.

> **Merke:** Vokale wortinitial, silbeninitial in der Wortfuge bei Komposita und nach Präfixen beginnen mit festem Stimmeinsatz [ʔ].

🌐 Übung und Tonbeispiele 6.6

4.7 Explosionsverlust

Folgen zwei Plosive aufeinander, die an derselben Stelle gebildet werden (homorgane Plosive) wie [pb td kg] oder [pp tt kk], dann verliert der erste Plosiv seine Explosionsphase und wird nur unvollständig realisiert. Dieses Phänomen wird mit folgendem Diakritikum transkribiert: [̚]. Im Gespräch tritt der Explosionsverlust häufig auch bei nicht homorganen Plosiven ein.

Beispiele:

‹und die›	[ʔʊntʼ d̥iː]
‹ab Berlin›	[ʔapʼ b̥ɛʁˈliːn]
‹glaub Peter›	[g̊laop̚ʼ ˈpeːtɐ]

> Merke: Folgen zwei homorgane Plosive aufeinander, tritt Explosionsverlust ein [̚].

⊕ Übung und Tonbeispiele 6.7

4.8 Nasale Sprengung

Plosive werden vor dem jeweiligen homorganen Nasalkonsonanten nicht oral, sondern nasal gesprengt. Das bedeutet, dass die Verschlussphase des Plosivs durch Senken des Velums beendet wird. Durch die Freigabe der Nasenpassage wird auf diese Weise zum homorganen Nasalkonsonanten übergeleitet. Die nasale Sprengung tritt bei [p] und [b] vor [m], [t] und [d] vor [n] und [k] und [g] vor [ŋ] ein und wird mit dem Diakritikum [ⁿ] dargestellt. Die nasale Sprengung wird beim Transkribieren nicht immer mitgeschrieben. Vor allem die Endsilbenassimilation von ‹-en› wird zur Vereinfachung der Transkription meist ohne das Anzeigen der nasalen Sprengung transkribiert.

Beispiele:

‹hatten›	[hatⁿn̩]	oder [hatn̩]
‹Halbmond›	[ˈhalpⁿmoːnt]	oder [ˈhalpmoːnt]
‹wecken›	[ˈvɛkⁿŋ̍]	oder [ˈvɛkŋ̍]

> Merke: Folgt einem Plosiv ein homorganer Nasalkonsonant, wird der Plosiv nasal gesprengt [ⁿ].

⊕ Übung und Tonbeispiele 6.8

4.9 Laterale Sprengung

Stehen [t] oder [d] vor [l], so werden sie nicht oral, sondern lateral gesprengt. Die laterale Sprengung wird durch folgendes Diakritikum angezeigt [ˡ]. Die Zungenspitze hält dabei den Kontakt zu den Alveolen. Lediglich der seitliche Zungensaum senkt sich beim Übergang von [t] bzw. [d] zu [l] ab, so dass die gestaute Ausatemluft seitlich über die Zungenränder ausströmt. Zur Vereinfachung der Transkription wird die laterale Sprengung meistens nicht angezeigt.

Beispiele:

| ‹Handlung› | [ˈhandˡlʊŋ] | oder [ˈhandlʊŋ] |
| ‹Vermittlung› | [fɛ̯ɐˈmɪtˡlʊŋ] | oder [fɛ̯ɐˈmɪtlʊŋ] |

Merke: Folgt auf [d] oder [t] ein [l], werden die Plosive lateral gesprengt [ˡ].

⊕ Übung und Tonbeispiele 6.9

4.10 Aspiration

Während der Verschlussphase eines Fortisplosivs ist die Glottis geöffnet (=stimmlos). Eine Fortsetzung der Stimmlosigkeit nach der Sprengung des Plosivverschlusses in den Vokal hinein wird als **Aspiration** wahrgenommen und mit [ʰ] transkribiert. Im Standarddeutschen ist die Länge der Aspirationsphase vom Kontext abhängig. Fortisplosive im absoluten Silbenanlaut von betonten Silben werden am stärksten aspiriert. Fortisplosive im Anlaut von schwächer betonten oder unbetonten Silben werden schwächer aspiriert bzw. nicht aspiriert. Nach den Frikativen [s ʃ] werden Fortisplosive ebenfalls nicht aspiriert.

Aspiration können Sie spüren: Halten Sie den Handrücken direkt vor den Mund, während Sie Wörter mit unterschiedlicher Aspirationsstärke sprechen. Die Aspiration ist als kleiner Luftstoß auf dem Handrücken spürbar. Vergleichen Sie die Fortisplosive in

(a) ‹These› (stark) und ‹Sitte› (schwach),

(b) ‹Pass› (stark) und ‹Spaß› (unaspiriert, vgl. unten).

Beispiele:
Im Anlaut in betonten Silben (stärkste Aspiration)
‹verpasst›   [fɛɐ̯ˈpʰast]
‹die Tasse›   [diː ˈtʰasə]
‹bekommen›   [b̥əˈkʰɔmən]

Im Anlaut in unbetonten Silben (unaspiriert bzw. schwache Aspiration)
‹Sippe›   [ˈzɪpə]
‹Ratte›   [ˈʁatə]
‹Bäcker›   [ˈb̥ɛkɐ]

Im Silbenanlaut nach den Frikativen [s, ʃ] (unaspiriert)
‹Späße›   [ˈʃpɛːsə]
‹Staaten›   [ˈʃtaːtn̩]
‹Skat›   [skaːt]

Merke: Fortisplosive werden im absoluten Anlaut betonter Silben aspiriert ([ʰ]).

Um eine Überfrachtung mit Diakritika zu vermeiden, wird in den Übungen zur normativen Transkription die Aspiration nicht notiert.

4.11 Realisation von ‹ig›

Steht das Suffix ‹ig› im absoluten Auslaut (es folgt kein weiterer Laut) oder vor einem Konsonanten, wird es als [ɪç] realisiert. Folgt dem Suffix allerdings ein Vokal, wird es als [ɪg] gesprochen. Diese unterschiedlichen Realisationen kann man an den Komparationsformen studieren:

Positiv	‹wenig›	[ˈveːnɪç]	Auslaut
Komparativ	‹weniger›	[ˈveːnɪgɐ]	es folgt ein Vokal
Superlativ	‹am wenigsten›	[ʔam ˈveːnɪçstn̩]	es folgt ein Konsonant

Ausnahme: Folgt im folgenden Morphem ein weiteres [ç], spricht man [ɪk], z.B. ‹lediglich› [ˈleːdɪklɪç], ‹Königreich› [ˈkøːnɪkʁaeç].

> Merke: ‹ig› wird als [ɪç] gesprochen. Nur vor Vokalen realisiert man [ɪg].

🎧 Übung und Tonbeispiele 6.10

4.12 Realisation von ‹ng› und ‹nk›

Innerhalb eines Morphems steht die Buchstabenverbindung ‹ng› für den Laut [ŋ]. Gehören aber ‹n› und ‹g› verschiedenen aufeinander folgenden Morphemen an, spricht man [ng].
Beispiele:

‹lange›	[ˈlaŋə]
‹bange›	[ˈb̥aŋə]
‹schwingen›	[ˈʃvɪŋən]

aber

‹ungenau›	[ˈʔʊngənao̯]
‹angelangt›	[ˈʔangəlaŋt]

Die Buchstabenverbindung ‹nk› steht innerhalb eines Morphems für die Lautverbindung [ŋk]. Gehören ‹n› und ‹k› verschiedenen aufeinander folgenden Morphemen an, spricht man [nk].
Beispiele:

‹Bank›	[b̥aŋk]
‹hinken›	[ˈhɪŋkən]
‹Krankheit›	[ˈkʁaŋkhae̯t]
aber ‹unklug›	[ˈʔʊnkluːk]
‹anklagen›	[ˈʔanklaːɡn̩]

> Merke: Innerhalb eines Morphems werden ‹ng› als [ŋ], ‹nk› als [ŋk] gesprochen.

🎧 Übung und Tonbeispiele 6.11

4.13 Zur Aussprache von Fremdwörtern

4.13.1 Vokalrealisation

Viele Aspekte der vorgeschriebenen Aussprache von Fremdwörtern bereiten Sprechern des Deutschen einige Probleme, bzw. die umgangsprachliche Aussprache von vielen Fremdwörtern unterscheidet sich in einigen Punkten von der vorgeschriebenen Norm.

Vokalqualität

Der komplizierteste Aspekt von Fremdwörtern ist die Aussprache der Vokale. Allgemein gilt: In unbetonten offenen Silben (offene Silben enden auf Vokal) werden die Vokale kurz, aber gespannt gesprochen.

Beispiele:

    ⟨elegant⟩   [ʔeleˈɡant]

    ⟨Mephisto⟩   [meˈfɪsto]

    ⟨Zitrone⟩   [tsiˈtʁoːnə]

    ⟨holistisch⟩   [hoˈlɪstɪʃ]

Auch in einigen deutschen Wörtern befinden sich gespannte kurze Vokale, wie z. B. in ⟨vielleicht, sofort, lebendig⟩ [fiˈlaeçt, ẓofoʁt, lebɛndɪç].

    Folgen dem Vokal jedoch zwei oder mehr Konsonanten im selben Stamm, ist die Silbe geschlossen, und sie wird mit kurzem ungespanntem Vokal gesprochen, also als [ɛ, ɔ, ʊ] usw. ohne Länge.

Beispiele:

    ⟨Person⟩   [pɛʁˈzoːn]

    ⟨Toxin⟩   [tɔkˈsiːn]

Ob es sich um eine geschlossene oder offene Silbe handelt, wird gelegentlich im Schriftbild durch Konsonantenverdoppelung ausgedrückt. Folgt dem Vokal ein Doppelkonsonant, handelt es sich um eine geschlossene Silbe, der Vokal ist kurz und ungespannt.

Beispiele:

    ⟨Komitee⟩   *vs.*   ⟨Kommission⟩

    [komiˈteː]   [kɔmɪsˈjoːn]

    ⟨vital⟩   *vs.*   ⟨quittieren⟩

    [viˈtaːl]   [kvɪˈtiːʁən]

Vokalsequenzen und der feste Einsatz

In deutschen Wörtern werden Vokale im absoluten Silbenanlaut mit einem festen Einsatz produziert (vgl. Kapitel 4.6). In Vokalsequenzen innerhalb von Fremdwörtern jedoch ist kein fester Einsatz zu realisieren, sondern es soll ein fließender Übergang zwischen den Vokalen gesprochen werden.

Beispiele:
<Chaos>   ['kaːɔs]
<Theater>   [teˈaːtɐ]
<Beate>   [b̥eˈaːtə]
<Michael> ['mɪçael]

Durch den Drang zur Eindeutschung wird aber häufig gerade in solchen Vokalverbindungen ein Glottalverschluss bzw. Glottalisierung gesprochen. Interessanterweise ist der feste Einsatz in Vokalsequenzen gerade bei Rundfunk- und Fernsehsprechern bei emphatischer Aussprache von Fremdwörtern zu hören.

Nasalvokale

Nasalvokale kommen im Standarddeutsch nur in Fremdwörtern, hauptsächlich französischer Herkunft vor. Sie werden nur im absoluten Wortauslaut oder in betonten Silben lang gesprochen, sonst kurz.
Beispiele:
<Timbre>   ['tɛ̃ːbʁə]
<Restaurant> [ʁɛstoˈʁ ̃aː]
<Parfum>   [paʁˈfœ̃ː]
<Fond>   [fõː]
<Fondue>   [fõˈdyː]

Neben der Nasalvokalaussprache lässt der Duden bei häufig auftretenden Wörtern mehrere Aussprachen zu, die eine mehr oder weniger weit vorangeschrittene Eindeutschung darstellen. In solchen Fällen wird in der Regel der Nasalvokal durch eine Abfolge Vokal+[ŋ] ersetzt, z. B. <Bonbon> [b̥õˈb̥õː, b̥ɔŋˈbɔŋ].

4.13.2 Konsonantisches

Manche konsonantische Muster sind nur in Fremdwörtern zu finden. Die postalveolaren Lenis-Konsonanten [ʒ] und [dʒ] werden in Fremdwörtern aus mehreren Sprachen gefunden, hauptsächlich aber bei solchen aus dem Englischen und Französischen.
Beispiele:
<Journal> [ʒ̊ʊʁˈnaːl]
<Jeans>   [d̥ʒiːns]

Wortinitiales [ç] ist ebenfalls nur im Fremdwörtern zu finden.
Beispiele:
<Chemie>   [çeˈmiː]
<China>   ['çiːna]

Die Affrikate [tʃ] sowie der alveolare Fortis-Frikativ [s] kommen ebenfalls im Wortanlaut nur in Fremdwörtern vor.

Beispiele:
    ⟨Tchibo⟩   ['tʃiːbo]
    ⟨City⟩   ['sɪti]

Zudem tritt eine Reihe von Konsonantensequenzen in Fremdwörtern auf, die in deutschen Wörtern nicht vorhanden sind.
Beispiele:
    ⟨Psychologie⟩   [psyçolo'giː]
    ⟨Xylophon⟩   [ksylo'foːn]
    ⟨Skat⟩   [skaːt]
    ⟨Sklerose⟩   [skle'ʁoːzə]

⊕ Übung und Tonbeispiele 6.12

5 Normative Texttranskription: Akzente, Pausen, Endsilbenrealisation

Texte sind nicht nur Aneinanderreihungen von Wörtern. Für das Erfassen, Verstehen und Verarbeiten, für das Erschließen des Sinns, ist die prosodische Form, d.h. die Sprechmelodie, insbesondere aber auch der Sprechrhythmus, von entscheidender Bedeutung.

Der Sprechrhythmus ist die zeitlich-prosodische Gegliedertheit einer Äußerung primär durch Akzente und Pausen. Deshalb sollen zunächst Akzente und Pausen beim Transkribieren von Texten mitgeschrieben werden. Im Folgenden werden deswegen, allerdings sehr knapp, Orientierungen für das Setzen von Akzent- und Pausenzeichen gegeben.

Da wir eine an der Sprechrealität orientierte Texttranskription anstreben, folgen vorwegnehmend kurze Erläuterungen zur Realisation der Suffixe ‹-en›. Genaueres hierzu folgt in Kapitel 9.

5.1 Die Akzentuierung im Satz

Die Akzentuierung dient der Hervorhebung des Wesentlichen in einer Äußerung. Für die Information Wichtiges wird durch prosodische Mittel, im Wesentlichen Melodiekontrast, Ansteigen der Lautstärke und langsamere Realisation zumindest des Akzentvokals, sozusagen wie mit Textmarker in einem geschriebenen Text markiert. Was wichtig ist und damit akzentuiert wird, ergibt sich aus der Intention des Sprechers, daraus, wie er den Satz meint. Eine sich ändernde Betonung ändert auch immer die Bedeutung des Satzes.
Beispiele:

- (i) Heute ist 'Freitag.
- (ii) 'Heute ist Freitag.
- (iii) Heute 'ist Freitag.

Grundsätzlich kann jedes Wort im Satz akzentuiert werden. Primär werden Autosemantika betont. Synsemantische Wörter bleiben unbetont und werden pro- oder enklitisch an Autosemantika angefügt (Stock 1995, 53ff). Das letzte autosemantische Wort im Satz erhält häufig den stärksten Akzent (vgl. (i)). Allerdings gilt das nicht für infinite Verben, denen ein Objekt vorausgeht. Hier wird das Objekt davor betont. Das trifft gelegentlich auch auf andere Verbergänzungen vor dem infiniten Verb zu (‹Paul ist nach 'Hamburg gefahren.› Direktionalbestimmung).

Liegt der Hauptakzent weiter vorn im Satz oder auf einem synsemantischen Wort, dient die Akzentuierung in der Regel dem Alternativenausschluss (vgl. (ii) und (iii)).

Eine differenzierte Beschreibung von Satzakzentregeln findet sich bei Rausch und Rausch (1995, 186ff).

Da die Interpretation eines Textes und folglich die Akzentuierung durch verschiedene Sprecher verschieden ausfällt, gibt es keine eindeutigen Regeln für das Setzen der Satzakzente. Setzen Sie in den Übungen zunächst die Satzakzente so, wie Sie sie beim Lesen des Textes realisieren würden, und vergleichen Sie dann mit der Akzentuierung der SprecherInnen, die die literarischen Texte interpretieren.

5.2 Pausen

Ein Pauseneindruck kann durch Schallleere oder aber eine Kombination anderer prosodischer Eigenschaften (Melodieverlauf, Lautstärkeabfall, Tempoverzögerung), ohne dass eine Signallücke vorhanden ist, entstehen.

Ähnlich wie mit den Akzenten verhält es sich mit den Pausen. Sie sind für die Bedeutung des Textes sehr wichtig, lassen sich aber nicht eindeutig vorhersagen. Pausen sind rhythmisch gliedernde Zäsuren und regeln zunächst Referenzbeziehungen im Satz.
Beispiele:

(i) Der König befahl seiner Katze | täglich einen frischen Fisch zu bringen.

(ii) Der König befahl | seiner Katze täglich einen frischen Fisch zu bringen.

Pausen stehen immer am Satzende. Innerhalb von Sätzen trennen sie Teilsätze, sind aber ansonsten nicht eindeutig vorhersagbar (Stock 1998). Im freien Sprechen ergeben sich Pausen auch als Planungspausen. Daneben hängt die Anzahl der Pausen auch von der Sprechgeschwindigkeit ab. Schnelleres Sprechen vermindert, langsameres Sprechen erhöht die Anzahl der Pausen in einem Text.

Setzen Sie in den Übungen die Pausen zunächst so, wie Sie es beim Lesen der Texte tun würden. Im Transkript der Texte wurden, wie bei den Akzenten, die durch den Sprecher realisierten Pausen notiert. Weichen Ihre Pauseneinträge hiervon ab, ist das zunächst kein Fehler. Hören Sie noch einmal den jeweiligen Text und vergleichen Sie mit dem Lösungstranskript.

5.3 Endungen ‹-en›, ‹-em›, ‹-el›

Die Transkription der Endungen ‹-en›, ‹-em›, und ‹-el› wirft beim Transkribieren von Texten immer wieder Fragen auf, die in Kapitel 9 ausführlich besprochen werden. Vorwegnehmend soll aber schon an dieser Stelle über die für das Transkribieren der literarischen Texte wesentlichen Regelungen informiert werden.

Beobachtet man die Realisation der Endungen im Gespräch, hört man in der Regel überhaupt keine vollständig realisierten Endsilben. Alle Schwa-Laute sind elidiert. Dies gilt nicht so für das Sprechen literarischer Texte. Das Interpretieren speziell von klassischer Lyrik erfordert auch artikulatorisch ein sehr hohes Stilniveau. Da Schwa-Elisionen oft zum

Silbenverlust führen, würde bei Gedichten die rhythmische Gestalt, die Realisierung der metrischen Struktur, erheblich beeinträchtigt. Schwa-Elisionen, die zu Silbenverlust führen, sind deshalb zu vermeiden.

Empirische Untersuchungen dieses Phänomens (Meinhold 1973) haben klare stilistische Differenzierungen ergeben, die beinhalten, dass die Aussprache der Endsilben von der Kommunikationssituation und dem Laut vor dem Suffix abhängt. Beim Transkribieren literarischer Texte sind die situativ bestimmenden Faktoren die Art der Textproduktion (hier: interpretierendes Vorlesen) und die Textqualität. Beide Faktoren bedingen ein sehr hohes artikulatorisches Formniveau (vgl. 9.1).

Beim Transkribieren der Übungstexte soll deshalb folgendermaßen verfahren werden:

- Nach Frikativen entfällt das [ə] in allen Endungen (Ausnahmen: ‹-jen› und das Diminutivsuffix ‹-chen›).

- Nach Plosiven sind Formen mit und ohne [ə] gleichermaßen möglich. Wird [ə] elidiert, gleicht sich allerdings das [n] stets der Bildungsstelle des vorangehenden Plosivs an.

  Beispiele:

‹haben›	[ˈhaːbən]	→	[ˈhaːbm̩]
‹Lappen›	[ˈlapən]	→	[ˈlapm̩]
‹wegen›	[ˈveːgən]	→	[ˈveːgŋ̩]
‹Haken›	[ˈhaːkən]	→	[ˈhaːkŋ̩]

Nach allen anderen Lauten (Nasalkonsonanten, Vokalen, l und r) werden die Endungen beim Interpretieren literarischer Texte in der Regel vollständig realisiert.

Die Suffixe ‹-em› und ‹-el› sollen zunächst vollständig, also mit Schwa transkribiert werden.

Teil III

Übungen zur normativen Transkription

Teil III

Übungen zur normativen Transkription

6 Übungen zu allgemeinen Ausspracheregeln

Die Lösungen zu den Übungen finden Sie ab S. 121 in Kapitel 13, Abschnitte 13.1 bis 13.12.

6.1 Silbisch und unsilbisch

mein neuer Freund / Haustür / kein Feuer / Fräulein Meyer / Seher, sehr / er, eher / Mäher, Meer / für, früher / Häher, Heer / hören, höher / nah, näher

Die folgenden Wörter sollen ohne Schwa-Laut im Suffix transkribiert werden:

Leben / Lappen / haben / Kappen / wegen / packen / laufen / waren / hören / führen / wischen / backen / werden / wetten / sehen / gehen / wollen / waschen / rauchen / Wellen / Hantel / Mantel / Bügel / Handel / kennen / kommen / singen / schauen / reisen / guten Morgen / guten Abend / auf Wiedersehen

6.2 R-Realisation

6.2.1 R-Vokalisation

Uhr, Uhren / mehr, mehrere / Teer / Heer, Heere / er / für / vor, vorn / vier, der Vierte / fordern / verbessern / erfordern / zerschmettern / fertig, verfertigen / werden / der erste Eroberer / von vornherein / altern / ich verlagere den Unterricht / der Fernseher / ein reifer Apfel, ein reiferer Apfel, der reifere Apfel / Beeren, Bären / beraten / Berlin / bereden / gelehrt

6.2.2 Unterscheidung [ɛʁ] und [eːɐ̯]

Merkheft / Mehrkampf / Speer / Pferd / März / Feld / Berg / bersten / Bern / Persil / Person / Pergament / fern / fertig / färben / Fermate / werben / wer / werfen / Wertpapier / Werner / Wermut / Werk / lärmen / Lehrbuch / Lehrling / lernen / der / derb / Thermometer / Terz / sterben / Stern / Scherz / schwer / sehr / Herberge / Herde / herzlich / Herbst / Herrscher / Germanist / gern / Gärtner / Kerker / Kehrseite / Kern / Kerze / erben / erst / er / Erfurt / ärger / Erdachse / ernst / ehrgeizig / Ernte / Erz

6.3 S-Laut-Realisation

siebenundsechzig / sechsundsiebzig / neunzehnhundertsiebenundneunzig / heiße Soße / seine sieben Sachen einsammeln / langsam / genügsam / sie hat es ganz sicher selbst gesagt / sie sind sonst besonnener / ein sanftes Wort / Susanne mag süße Sahne / Schlagsahne / nicht nur Weiße sind weise / wissen, dass man Wiesen nicht gießen kann / wessen Wesen ist sanft / während dieser Seereise Skat spielen / muss das sein / zehn Holzklötze / zweiundzwanzig Spatzen / auf seinem Platz sitzen und skurrile Witze reißen / von Musik nichts wissen und Smetana nicht kennen

6.4 Auslautverhärtung

['liːbm̩ 'liːbə 'liːplɪç 'liːpstə 'liːbəfɔl liːpt 'liːphabɐ 'vaɛ̯zə vaɛ̯shaɛ̯t deːɐ̯ vaɛ̯zəstə]

lieben, Liebe, lieblich, Liebste, liebevoll, liebt, Liebhaber / weise, Weisheit, der Weiseste /
Reise, er reiste, Reiselust / Glaube, er glaubte, Gläubiger, du glaubst, glaubhaft / halb,
halbieren [halbiːʀən]

6.5 Progressive Stimmlosigkeitsassimilation

aussichtslos / Abgang / Abgesang / Ausdruck / Abdruck / weggehen / Dachdecker / fachgerecht / Kirschgelee / Aufsatz / ab Seite 17 / durch das Dachfenster / aus sich herausgehen / mit Absicht

6.6 Fester Stimmeinsatz

am Anfang / hinein / einschalten / eröffnen / verabreden / um elf Uhr / am anderen Abend / in Ulm und um Ulm herum / Blumentopferde / Pferde / ein Eis essen / Turmuhr / Uhrarmband

6.7 Explosionsverlust

der Stellenabbau und die Aussichtslosigkeit / gib Brigitte auch etwas / das ist Raubbau / mit Teer und Terpentin / da lag Kekspapier

6.8 Nasale Sprengung

Schreiben Sie hier (ausnahmsweise) zur Verdeutlichung der nasalen Sprengung das entsprechende Diakritikum.

am Abend / der Halbmond / iss noch einen Happen / wegen des schlechten Wetters / sie hatten noch Wetten abgeschlossen / das hat bestimmt einen Haken

6.9 Laterale Sprengung

Schreiben Sie hier (ausnahmsweise) zur Verdeutlichung der lateralen Sprengung das entsprechende Diakritikum.

Beutel / Adel / der Mantel auf dem Bügel / eigentlich / wesentlich / redlich / aus Edelmut / ersichtlich / es hat lange gedauert / Bettlaken

6.10 Realisation von ‹ig›

König, Könige / wenig, wenige, am wenigsten / er ist fleißig, fleißige Kinder, am fleißigsten arbeitet Paul / Leipzig, Leipziger

6.11 Realisation von ‹ng›

etwas auf die lange Bank schieben / lange Zeitung lesen / zu langsam und zu ungenau singen / etwas verlangen / etwas angleichen / mit meinem Onkel angeln

6.12 Vokalrealisation in Fremdwörtern

Medizin / Meteorologie / Musik / Phonetik / Physik / Philosophie / Fabrikation / gigantisch / regulär / Holografie / introvertiert / intrapulmonal / Megalit / Neologismus / Orthoepie / Sterilisation / mumifizieren / temporär

7 Übungen zur normativen Transkription standardsprachlicher Texte

Dieses Kapitel dient der komplexen Anwendung der in Kapiteln 4 und 5 vermittelten Regeln für das Transkribieren normativer standardsprachlicher Texte. Die folgenden Übungstexte liegen zunächst in orthografischer Form vor. Die transkribierten Texte befinden sich im Kapitel 14 Lösungen zur normativen Transkription standardsprachlicher Texte. Daneben liegen alle Texte in gesprochener Form auf CD vor. Sie sollen Beispiele für die individuelle sprecherische Umsetzung der Standardaussprache sein.

Transkribieren Sie zunächst den jeweiligen Übungstext unter Berücksichtigung der in Kapitel 4 eingeführten Regeln. Die Endungen sollen wie unter 5.3 beschrieben realisiert werden. Setzen Sie Akzent- und Pausenzeichen.

Normtranskript und sprecherische Realisierung

Vergleicht man die den vorgegebenen Regeln entsprechenden Normtranskripte mit den jeweiligen Sprechfassungen, stellt man beim genauen Hinhören fest, dass die Sprechfassungen in einigen Details von den Transkripten abweichen. An dieser Stelle sollen nicht alle Abweichungen vollständig aufgelistet und beschrieben werden. Das würde durch eine enge Transkription (vgl. 8) besser bewerkstelligt. Sie sollen aber ausdrücklich erwähnt und exemplarisch diskutiert werden.

Vom "theoretischen" Normtranskript abweichende Aussprachen können koartikulatorisch, situativ-stilistisch, regional oder/und idiolektal bedingt sein. Jeder Sprecher hat seine eigene, für ihn typische Sprechweise. Sein Idiolekt ist, wie schon unter Kapitel 3 beschrieben, Resultat seines sprachlichen Sozialisationsprozesses und seiner Persönlichkeit. In diesem Sinne gibt es keinen "reinen" Normsprecher. Sprecher realisieren die Standardaussprache, indem sie überregional sprechen und den Regeln der Standardaussprache im Großen und Ganzen gerecht werden. Sobald ein Mensch spricht, sind individuelle Besonderheiten und z.B. prosodisch begünstigte Assimilationen usw. nicht auszuschließen. Solche Besonderheiten finden sich auch in den Tonaufnahmen der folgenden Texte. Sie werden im Anschluss exemplarisch besprochen.

Die Sprechfassung des Busch-Textes *Fuchs und Igel* wird trotz einiger Besonderheiten der gehobenen Stilebene der Standardaussprache zugeordnet. Die Einordnung geschieht zunächst aufgrund der Realisation der Endungen ‹-en›. Nach Frikativen und Plosiven wird das Schwa elidiert. Nach allen anderen Lauten bleibt [ə] erhalten, so dass ein dem Metrum des Gedichtes abträglicher Silbenverlust vermieden wird. Auch das Suffix ‹-el› wird bis auf eine Form (Vers 1) vokallos realisiert. Da durch diese Elision ebenfalls kein Silbenverlust eintritt, stört sie nicht, sondern wirkt durchaus angemessen. Eine Annäherung an die standardsprachliche Gesprächslautung zeigt sich allerdings in den Vokalrealisationen einzelner Artikel. In Vers 4 wird abweichend von der vorliegenden Transkription ‹des› als [dəs] und in Vers 10 ‹der› als [dɛ] gesprochen. Auch die Realisation eines [β] anstelle des Lenis-Plosivs [b] (Vers 2 ‹begegnet›, Vers 9 ‹übergib›) ist bereits Stilelement standardsprachlicher Gesprächslautung. Besonders prägnant ist die Realisation konsonantischer R-Laute als uvulare Vibranten (Verse 4 ‹Order›, 5 ‹Friede›, 16 ‹Friedensheld›), die im Gespräch eher selten ist. Bei den Vokalveränderungen in Vers 1 (‹unverhofft›: [ʊ] wird zu [u]) und 11 (‹erst›: [eː] wird zu [ɛ]) scheint es sich dagegen um regional geprägte Präfix- bzw. Wortaussprachen zu handeln. Veränderte Vokale finden sich auch in dem Wort ‹Majestät› in Vers 8. [ɛ] nach [j] wird assimilatorisch zu [ɪ]. Die Hebung des [ɛ] zu [eː] ist dagegen vermutlich regional motiviert.

Beim Vortrag des Goethe-Gedichtes *Gefunden* artikuliert die Sprecherin, stilistisch durchaus angemessenen, mit hoher Spannung und Präzision (vgl. dieselbe Sprecherin weniger gespannt in den Gesprächen *Schuhkauf* und *Urlaub*). Besonders prägnant sind die uvularen Vibranten z.B. in den Versen 7 ‹Sterne›, 15 ‹Garten›, 18 ‹Ort›. Wahrscheinlich auch bedingt durch die hohe Sprechspannung entstehen gelegentlich unerwartete Stimmlosigkeiten: In Vers 14 ‹Würzlein› wird das R frikativ stimmlos fortisiert gebildet. Es entsteht eine sehr ausgedehnte stimmlose Strecke. In Vers 12 wird ‹gebrochen› mit stimmlosem [b̥] realisiert. Am auffälligsten ist aber eine Abweichung der Sprechfassung vom Transkript in Vers 8 in ‹Äuglein›. Statt [k] ist hier stimmhaftes [g] zu hören.

Anhand der Sprechfassung der *Abenddämmerung* von Heine sei das Problem der Unterscheidung zwischen stimmlosen Lenis- und homorganen Fortis-Plosiven besprochen. Durch geringe Sprechspannung verbunden mit vermindertem Atemdruck entstehen häufig stammauslautend in der Silbenkoda wie im Onset von Suffixsilben sowie für ‹st› und ‹sp› stimmlose Plosive, deren Klassifizierung als lenis oder fortis schwer fällt. In der vorliegenden Sprechfassung finden sich solche schwer klassifizierbaren, eher als Lenes zu bewertenden Plosive in relativ großer Zahl, z.B. in den Versen 2 ‹gedankenbekümmert›, 4 ‹glührote›, 15 ‹Treppensteinen›, 16 ‹niederkauerten›, 22 ‹Rosengesichter›. Daneben seien folgende Auffälligkeiten genannt: Abweichend von der Vorschrift aus Regel 4.5 Progressive Stimmlosigkeitsassimilation realisiert die Sprecherin in Vers 2 (‹saß›) und 9 (‹Seufzen›) nach Pausen stimmhafte S-Laute. Die Präfixe ‹er-› und ‹ver-› werden idiolektal bevorzugt als [ʔɛ] bzw. [fɛ] realisiert (Vers 11‹verschollene›, 13 ‹vernahm›, 16 ‹Erzählen›). In Vers 12 (‹ich›) fehlt der feste Stimmeinsatz. Nach langem [aː] wird in Zeile 13 das R total assimiliert.

Der Kleist-Text *Über die allmähliche Verfertigung der Gedanken beim Reden* wird von derselben Sprecherin vorgetragen wie *Abenddämmerung*. Allerdings ist hier die Sprechspannung größer. Trotzdem weist auch die Fassung der Kleist-Interpretation Lenisierungen der Fortis-Plosive auf (vgl. Zeilen 2 ‹rate›, ‹Freund›, 3 ‹aufstößt›, 8 ‹sprechen›, 12 ‹bestehen›). Daneben realisiert die Sprecherin einige Suffixe anders als im in den Lösungen vorliegenden Transkript (Zeile 11 ‹verschiedene› als [fɛʃiːdn̩ə] und [fɛʁʃiːdn̩ə]). Erwähnt soll werden, dass Stimmlosigkeit bei [b d g] nicht nur infolge Assimilation auftritt (vgl. 4.5), sondern auch in stimmhaftem Kontext (hier Zeilen 6 ‹zwar große›, 8 ‹die du bereits›, 10 ‹will, dass›).

Der Auszug aus Schillers *Handschuh* wird ebenfalls von der Sprecherin der *Abenddäm-merung* gesprochen. Im Unterschied zur Heine- und Kleist-Interpretation ist aber in der *Handschuh*-Fassung die Sprechspannung sehr viel höher. Das hat zur Folge, dass hier nur ausnahmsweise Lenis-Varianten von zu erwartenden Fortis-Plosiven zu hören sind. Die starke Gespanntheit der Sprecherin führt zu einigen auffälligen, besonders prägnanten R-Lauten in Form uvularen Vibranten (Zeilen 3 ‹Leoparden›, 8 ‹richtet›, 9 ‹herum, Kreis›, 10 ‹Mordsucht›).

Der Schiller-Text *Der Spaziergang* wird ausdrucksstark und ebenfalls, wie *Gefunden*, mit hoher Artikulationspräzision umgesetzt. Unter diesen Bedingungen realisiert die Sprecherin gelegentlich die Stimmbeteiligung anders als im vorliegenden Transkript. Stimmlos zu realisierendes [z̥] am Anfang und nach Pause in Zeile 1 wird zweimal stimmhaft, ebenso in Zeile 3 in ‹säuselnde›. Andererseits werden stimmhafte Laute gelegentlich stimmlos (z.B. ‹Friedrich› als [fʁiːtʁɪç], Zeile 2 ‹gegrüßt› [g̊əg̊ʁyːst], Zeile 11 ‹Farben› [faʁb̥m̩]). Das Präfix ‹un-› wird in Zeile 5 zu [un]. In Zeile 17 tritt in ‹glühend trifft› kein Explosionsverlust ein. Der feste Stimmeinsatz wird z.B. in Zeile 3 ‹grüß ich› nicht realisiert.

Die Aufnahme des Tucholsky-Textes *Die Kunst, falsch zu reisen* weist viele Stilelemente der standardsprachlichen Gesprächslautung auf. Insgesamt betrachtet wirkt der Text aber noch sehr präzise artikuliert und wird deshalb dem Übergangsbereich zwischen gehobener phonostilistischer Ebene und standardsprachlicher Gesprächslautung zugeordnet. Folgende Merkmale überregionaler Gesprächslautung treten auf: Die Realisation der Endungen ‹-en› ist meistens voll und entspricht damit eher der gehobenen phonostilistischen Ebene. Lediglich für ‹einen› erscheint [ʔaen̩] (Zeilen 9 und 15). In Zeile 6 wird ‹willen› zu [vɪln̩]. Die Vokale in Artikeln und Pronomen werden gelegentlich qualitativ verändert (vgl. Zeilen 1, 2 ‹der› [dɛ]; 5, 16 ‹das› [dəs]; 7, 9, 19 ‹es› [ʔəs]; 9 ‹du› [dʊ]). T fällt in ‹und› zweimal aus (Zeilen 8, 12). Die als Lenis-Plosive transkribierten [b], [d] und [g] werden in den Zeilen 4 bei ‹Leipziger›, 18 bei ‹überhaupt›, 23 bei ‹dabei› und ‹jeder› frikativ realisiert. R wird von der Sprecherin häufig total assimiliert bzw. elidiert (z.B. Zeilen 1 ‹verlange›, ‹der›, 12 ‹vertritt›, 16 ‹Mark›, 17 ‹dadurch›, 18 ‹fahr›, 20 ‹Wagenfahrt›, 23 ‹vergiss›). In Zeile 3 wird in ‹also› [l] elidiert. Zu Assimilationen kommt es in Zeile 15–16 ‹den Pfennig› [deːm pfɛnɪç], 19 ‹dein Geldbeutel› [daen̩ g̊ɛltb̥ɔøtl̩] und 20 ‹bring den› [bʁɪŋ neːn]. Statt [z] erscheint häufig stimmloses [z̥] auch in stimmhaften Kontexten (z.B. 1 ‹reisen›, 7 ‹Mitreisenden›, 8 ‹umsonst›).

Die vorliegenden Sprechfassungen von *Aschblond* und *Bald verweht* wurden vom Autor der Texte, Helge Skirl, selbst gesprochen. Die intendierte eher distanziert-kühle Sprechweise verbindet sich in beiden Interpretationen mit einer Stimme, die deutliche Knarranteile aufweist. Knarrstimme ersetzt gelegentlich den festen Stimmeinsatz, ist aber auch im Wort zu finden (Textzeilen 1 ‹aschblondes› [a̰ʃblɔndəs], 2 ‹vereinzelt› [fɐa̰entslt̩], 3 ‹Augen› [a̰og̊n̩]). Zum Eindruck verminderter Sonorität tragen ebenso die fast durchgängig entstimmten [z̥] bei. Die Artikulation wirkt trotzdem präzise. Zu diesem Eindruck tragen die starken, final langen und deutlich aspirierten Fortis-Plosive bei (Beispiele: Zeile 7 ‹Hütte›, ebenso in *Bald verweht* in Vers 5 ‹Mitte›). Die Endungen ‹-en› werden der gehobenen Stilebene der Standardaussprache entsprechend realisiert. Abweichungen vom Transkript finden sich in *Bald verweht* bei den Artikeln in Zeile 7 (‹der› [dɛ]) und 5 (‹des› [dəs]). Die [aː] in den Zeilen 4 (‹manchmal›) und 6 (‹langsam›) sind kurz.

Abschließend sei noch eine interessante Besonderheit genannt: In der Überschrift ‹Aschblond› wird das L unerwartet dunkel realisiert als [lˠ] und der Nasal dental als [n̪] gesprochen.

In *Bald verweht* werden, ebenso wie bei [z̥], die Lenis-Plosive auch in stimmhaftem Kontext entstimmt (Verse 1 ‹überstanden›, 3 ‹landen›, 4 ‹in Blättern›). Abweichend vom Transkript wird in Vers 1 ‹Der› zu [dɛ], in Vers 2 ‹er› zu [ʔɛ], in Vers 4 ‹in› zu [ʔn̩]. Insgesamt wird sehr präzise, aber mit weniger sonoren Anteilen artikuliert.

Die Interpretation von *Traum*, ebenfalls vom Autor, Gottfried Meinhold, selbst gesprochen, entspricht der gehobenen Stilebene der deutschen Standardaussprache. Die sehr präzise Artikulation trägt zur Eindrücklichkeit und Lebhaftigkeit der Interpretation bei, ohne die Natürlichkeit des Vortrags zu stören. Betrachtet man zunächst die Realisation der Suffixe ‹-en›, den wichtigsten Marker für die phonostilistische Einordnung einer Äußerung, so findet man nach Frikativen nur vokallose ‹-en›-Formen, nach Plosiven Formen mit und ohne Schwa; nach allen anderen Lauten, hier würde Elision Silbenverlust bedeuten, bleibt der Vokal erhalten. Auch die Vokalqualität in Artikeln, Pronomen und anderen Synsemantika bleibt in der Regel erhalten. Beispiele für die Veränderung der Vokalqualität finden sich bei enklitisch gebundenen Artikeln und Pronomina (vgl. Zeilen 3 ‹in dem er›, 3–4 ‹wird er›, 9 ‹kann ich›. Auch in dieser Interpretation finden sich vereinzelt lenisierte Plosive (z.B. Zeile 7 ‹prallt›) oder entstimmte Obstruenten in stimmhaftem Kontext (z.B. Zeile 1 ‹sehe›). Prägnant ist die häufige Realisation des R als uvularer Vibrant (vgl. Zeilen 3 ‹Rest›, 7 ‹prallt›, 12 ‹Kreisen›, 17 ‹grellen›).

7.1
Wilhelm Busch
Fuchs und Igel

 1   Ganz unverhofft an einem Hügel
 2   Sind sich begegnet Fuchs und Igel.
 3   "Halt!" rief der Fuchs, "du Bösewicht,
 4   Kennst du des Königs Order nicht?
 5   Ist nicht der Friede längst verkündigt,
 6   Und weißt du nicht, dass jeder sündigt,
 7   Der immer noch gerüstet geht?
 8   Im Namen Seiner Majestät -
 9   Geh her und übergib dein Fell!"
10   Der Igel sprach: "Nur nicht so schnell!
11   Lass dir erst deine Zähne brechen,
12   Dann wollen wir uns weiter sprechen."
13   Und also gleich macht er sich rund,
14   Schließt seinen dichten Stachelbund
15   Und trotzt getrost der ganzen Welt,
16   Bewaffnet, doch als Friedensheld.

7.2
Johann Wolfgang von Goethe
Gefunden

 1   Ich ging im Walde
 2   So für mich hin,
 3   Und nichts zu suchen,
 4   Das war mein Sinn.

 5   Im Schatten sah ich
 6   Ein Blümchen stehn,
 7   Wie Sterne leuchtend,
 8   Wie Äuglein schön.

 9   Ich wollt es brechen,
10   Da sagt' es fein:
11   Soll ich zum Welken
12   Gebrochen sein?

13   Ich grub's mit allen
14   den Würzlein aus,
15   Zum Garten trug ichs
16   Am hübschen Haus.

17   Und pflanzt es wieder
18   Am stillen Ort;
19   Nun zweigt es immer
20   und blüht so fort.

7.3
Heinrich Heine
Abenddämmerung

1   Am blassen Meeresstrande [ʔam 'blasn̩ 'meːɐsʃtʁandə]
2   Saß ich gedankenbekümmert und einsam. [zas ʔɪç ɡə'daŋkn̩bəkymɐt ʔʊnt
3   Die Sonne neigte sich tiefer, und warf [diː 'zɔnə naɛktə zɪç tiːfɐ ʊnt 'vaʁf
4   Glührote Streifen auf das Wasser, [ɡlyːʁoːtə 'ʃtʁaɛfn̩ ʔaʊf das 'vasɐ]
5   Und die weißen, weiten Wellen, [ʔʊnt diː 'vaɛsn̩ 'vaɛtn̩ vɛlən]
6   Von der Flut gedrängt, [fɔn deːɐ 'fluːt ɡə'dʁɛŋt]
7   Schäumten und rauschten näher und näher – ['ʃɔɛmtn̩ ʔʊnt ʁaʊʃtn̩ 'nɛːɐ ʔʊnt
8   Ein seltsam Geräusch, ein Flüstern und Pfeifen, [ʔaɛn 'zɛltzam ɡə'ʁɔɛʃ ʔaɛn 'flystɐn
9   Ein Lachen und Murmeln, Seufzen und Sausen, [ʔaɛn laxn̩ ʔʊnt 'mʊʁmln̩ 'zɔɛftsn̩ ʔʊnt 'z
10   Dazwischen ein wiegenliedähnliches Singen – [da'tsvɪʃn̩ ʔaɛn 'viːɡn̩liːtʔɛːnlɪçəs 'zɪŋə
11   Mir war, als hört ich verschollene Sagen, [miːɐ waʁ ʔals 'høʁt ʔɪç fɛʁ'ʃɔlənə 'zaɡn̩]
12   Uralte liebliche Märchen, die ich einst als Knabe, [ʔuːɐʔaltə 'liːplɪçə 'mɛːɐçən diː ʔɪçaɛn
13   Von Nachbarskindern vernahm, [fɔn 'naxbaʁskɪndɐn fɛʁnaːm]
14   Wenn wir am Sommerabend, [vɛn viːɐ ʔam 'zɔmɐʔaːbm̩t]
15   Auf den Treppensteinen der Haustür, [aʊf deːn tʁɛpn̩ʃtaɛnən deːɐ 'haʊstyːɐ]
16   Zum stillen Erzählen niederkauerten, [tsʊm ʃtɪlən ʔɛʁ'tsɛːlən 'niːdɐkaʊɐtn̩]
17   Mit kleinen horchenden Herzen [mɪt 'klaɛnən 'hɔʁçn̩dən 'hɛʁtsn̩]
18   Und neugierklugen Augen: – [ʔʊnt nɔɛɡiːɐkluːɡn̩ʔaʊɡn̩]
19   Während die großen Mädchen, [vɛːʁənt diː 'ɡʁoːsn̩ 'mɛːtçən]
20   Neben duftenden Blumentöpfen, [neːbən dʊftn̩dən bluːməntœpfn̩]
21   Gegenüber am Fenster saßen, [ɡeːɡn̩ʔyːbɐ ʔam 'fɛnstɐ zaːsn̩]
22   Rosengesichter, [ʁoːzn̩ɡəzɪçtɐ]
23   Lächelnd und mondbeglänzt. ['lɛçl̩nt ʔʊnt 'moːntbəɡlɛntst] ‖

7.4
Auszug aus
Heinrich von Kleist
Über die allmähliche Verfertigung der Gedanken beim Reden

1   Wenn du etwas wissen willst und es durch Meditation nicht finden kannst,
2   so rate ich dir, mein lieber, sinnreicher Freund, mit dem nächsten
3   Bekannten, der dir aufstößt, darüber zu sprechen. Es braucht nicht
4   eben ein scharfdenkender Kopf zu sein, auch meine ich es nicht so,
5   als ob du ihn darum befragen solltest: nein! Vielmehr sollst du es
6   ihm selber allererst erzählen. Ich sehe dich zwar große Augen machen,
7   und mir antworten, man habe dir in frühern Jahren den Rat gegeben,
8   von nichts zu sprechen, als nur von Dingen, die du bereits verstehst.
9   Damals aber sprachst du wahrscheinlich mit dem Vorwitz, andere,
10   ich will, dass du aus der verständigen Absicht sprechest, dich zu
11   belehren, und so könnten, für verschiedene Fälle verschiedene, beide
12   Klugheitsregeln vielleicht gut nebeneinander bestehen.

7.5
Auszug aus
Friedrich Schiller
Der Handschuh

1   Und der König winkt wieder,
2   Da speit das doppelt geöffnete Haus
3   Zwei Leoparden mit einmal aus.
4   Die stürzen mit mutiger Kampfbegier
5   Auf das Tigertier;
6   Das packt sie mit seinen grimmigen Tatzen,
7   Und der Leu mit Gebrüll
8   Richtet sich auf – da wird's still,
9   Und herum im Kreis,
10   Von Mordsucht heiß,
11   Lagern die gräulichen Katzen.

7.6
Auszug aus
Friedrich Schiller
Der Spaziergang

1   Sei mir gegrüßt, mein Berg mit dem rötlich strahlenden Gipfel,

2   Sei mir, Sonne, gegrüßt, die ihn so lieblich bescheint,

3   Dich auch grüß ich, belebte Flur, euch säuselnde Linden,

4   Und den fröhlichen Chor, der auf den Ästen sich wiegt,

5   Ruhige Bläue, dich auch, die unermesslich sich ausgießt,

6   Um das braune Gebirg, über den grünenden Wald,

7   Auch um mich, der endlich entflohn des Zimmers Gefängnis

8   Und dem engen Gespräch, freudig sich rettet zu dir,

9   Deiner Lüfte balsamischer Strom durchrinnt mich erquickend,

10   Und den durstigen Blick labt das energische Licht,

11   Kräftig auf blühender Au erglänzen die wechselnden Farben,

12   Aber der reizende Streit löset in Anmut sich auf,

13   Frei empfängt mich die Wiese mit weithin verbreitetem Teppich,

14   Durch ihr freundliches Grün schlingt sich der ländliche Pfad,

15   Um mich summt die geschäftige Bien, mit zweifelndem Flügel

16   Wiegt der Schmetterling sich über dem rötlichen Klee,

17   Glühend trifft mich der Sonne Pfeil, still liegen die Weste,

18   Nur der Lerche Gesang wirbelt in heiterer Luft, [...]

7.7
Auszug aus
Kurt Tucholsky,
Die Kunst, falsch zu reisen

1   Wenn du reisen willst, verlange von der Gegend, in die du reist,

2   a l l e s: schöne Natur, den Komfort der Großstadt,

3   kunstgeschichtliche Altertümer, billige Preise, Meer, Gebirge – also

4   vorn die Ostsee und hinten die Leipziger Straße.

5   Ist das nicht vorhanden, dann schimpfe!

6   Wenn du reist, nimm um Gottes willen keine Rücksicht auf deine

7   Mitreisenden – sie legen es dir als Schwäche aus. Du hast bezahlt

8   und die anderen fahren alle umsonst.

9   Bedenke, dass es von ungeheurer Wichtigkeit ist, ob du einen

10   Fensterplatz hast oder nicht; dass im Nichtraucherabteil einer raucht,

11   muss sofort und in den schärfsten Ausdrücken gerügt werden – ist
12   der Schaffner nicht da, dann vertritt ihn einstweilen und sei Polizei,
13   Staat und rächende Nemesis in einem. Das verschönt die Reise. Sei
14   überhaupt unliebenswürdig – daran erkennt man den M a n n.

15   Mach dir einen Kostenvoranschlag, bevor du reist, und zwar bis auf den
16   Pfennig genau, möglichst um hundert Mark zu gering – man kann das
17   immer einsparen. Dadurch nämlich, dass man überall handelt;
18   dergleichen macht beliebt und heitert überhaupt die Reise auf. Fahr
19   lieber noch ein Endchen weiter, als es dein Geldbeutel gestattet, und
20   bring den Rest dadurch ein, dass du zu Fuß gehst, wo die Wagenfahrt
21   angenehmer ist; dass du zu wenig Trinkgelder gibst;
22   und dass du überhaupt in jedem Fremden einen Aasgeier siehst.

23   Vergiss dabei nie die Hauptregel jeder gesunden Reise:
24   Ä r g e r e   d i c h!

7.8
Helge Skirl
Aschblond

1   Dein aschblondes Haar war wie die Fjorde im Wind. Vögel kreischten
2   überm Meer, am Strand – vereinzelt – lagen wohl tote Artgenossen.
3   Deine Augen waren kalt und blau; nichts war aus ihnen zu lesen.
4   Manchmal fiel dir das Haar vom Wind ins Gesicht, so dass ich
5   Augenblicke nur von deinem toten Blick verschont blieb.

6   Langsam erfasste die Kälte meine Knochen. Wir würden in die
7   Hitze der Hütte zurückkehren; und die Flammen des Feuers
8   würden sich spiegeln auf deinem Haar.

7.9
Helge Skirl
Bald verweht

1   Der Sommer überstanden [deːɐ̯ ˈzɔmɐ ʔyːbɐˈʃtandn̩]
2   – er war so lau und grau – [ʔeːɐ̯ vaːɐ̯ zoː laʊ ʔʊnt gʁaʊ]
3   wenn nun die Farben landen [vɛn nuːn diː faʁbm̩ landn̩]
4   in Blättern vor dem Blau [ʔɪn ˈblɛtɐn foːɐ̯ deːm blaʊ]
5   des Himmels dessen Mitte [dɛs hɪml̩s dɛsn̩ ˈmɪtə]
6   erfüllt ist von der Pracht [ʔɐ̯fʏlt ʔɪst fɔn deːɐ̯ pʁaxt]

7   der späten Sonne Bitte [deːɐ̯ ʃpɛːtn̩ ˈzɔnə ˈbɪtə]

8   durch welche noch entfacht [dʊʁç ˈvɛlçə nɔx ɛntˈfaxt]

9   wird rauschend schwere Hitze [vɪʁt ˈʁaʊ̯ʃn̩t ˈʃveːʁə ˈhɪtsə]

10   die in den Fluren steht: [diː ʔɪn deːn ˈfluːʁən ʃteːt]

11   Nur einmal im Besitze [nuːɐ̯ ˈʔaɛ̯nmal ʔɪm bəˈzɪtsə]

12   der Blätter bald verweht. [deːɐ̯ ˈblɛtɐ balt fɛɐ̯ˈveːt]

7.10
Gottfried Meinhold
Aus Lachverbot – Traum

1   Am Morgen sehe ich: Der Fisch, den ich gestern erworben habe, ist

2   über Nacht gewachsen, hat das Wasser aus dem Aquarium verdrängt bis

3   auf einen Rest, in dem er sich flossenschlagend abkämpft. Gleich wird

4   er die Glaswände sprengen, er ist schon bei der entscheidenden

5   Anspannung. Das Glas birst, er erhebt sich in hohem Bogen mit

6   rudernden Flossen in die Luft und fliegt im Zimmer hin und her, ein

7   mächtiger Vogel; er steuert aber ungeschickt und prallt gegen die

8   Fensterscheibe. Ich muss mich bücken, um nicht von ihm gestreift zu

9   werden – er hat es auf mich abgesehen. Nicht schnell genug kann ich

10   die Fensterflügel aufreißen, er verheddert sich in der Gardine und

11   geht zu Boden, es tut mir weh. Da erhebt er sich wieder, und nach

12   einigen Kreisen im Zimmer schießt er hinaus, auf Nimmerwiedersehen,

13   hoffe ich, und ich blicke ihm nach, wie er bald hoch, bald flach,

14   draußen über den Köpfen der entsetzten Passanten hinzieht,

15   aufsteigend und im Sturzflug, größer und größer – ein Gigant der

16   Lüfte. Ich bin ihn los, juble ich und schließe das Fenster, mich in

17   Sicherheit wiegend. Aber die grellen Schreie von unten lassen mir

18   keine Ruhe. Jemand hat nach der Feuerwehr geschrien, ein anderer nach

19   der Polizei, dann kommt der Ruf nach der Armee, und ich schlage die

20   Hände vors Gesicht, um nicht mit ansehen zu müssen, was ich

21   angerichtet habe.

Teil IV

Enge Transkription

8 Enge Transkription und das IPA

Die enge Transkription realer Äußerungen ist eine besondere Herausforderung. Da man bei der Erforschung z.B. regionaler und standardsprachlicher Gesprächsäußerungen nicht von vornherein weiß, welche regionaltypischen oder situativ bedingten Besonderheiten sich in der Aussprache finden werden, versucht man, so genau wie möglich alle Feinheiten der Artikulation festzuhalten.

Hierbei ist es zunächst erforderlich, sich der Subjektivität seines Tuns bewusst zu werden. Transkription ist Resultat einer Interpretation des auditiv Wahrgenommenen durch den Transkribierenden. Er stellt eine Beziehung her zwischen

- Höreindruck,
- vermuteter Artikulation und
- IPA-Symbol.

Zu transkribieren bedeutet dabei immer zu abstrahieren, d.h., die gehörte lautliche Realisation zunächst einem Lauttyp, einer Lautklasse, zuzuordnen. Der Höreindruck wird mit den internen Klangmustern verglichen. Gleichzeitig versucht man, die artikulatorische Bewegung zur Erzeugung dieser "Klanggestalten" zu rekonstruieren, da die IPA-Transkriptionszeichen artikulatorisch definiert sind. Die individuelle Wahrnehmungs- und Differenzierungsfähigkeit ist sehr unterschiedlich. Auch die internen Bezugsmodelle, die Klang- und Artikulationsmuster sind individuell verschieden. Ein konkreter Einzellaut wird deshalb von verschiedenen Transkribierenden nicht unbedingt gleich gehört oder dem gleichen Lauttyp zugeordnet. Das macht eine Übungs- und Eichungsphase erforderlich. Die International Phonetic Association empfiehlt deshalb ein Hör- und Sprechtraining für die IPA-Zeichen. Transkripte sollten außerdem in größerem zeitlichem Abstand mehrmals vom gleichen Tanskribierenden erstellt und verglichen werden. Anschließend sollten die Transkripte mehrerer Transkribierender abgeglichen werden.

Um alle lautlichen Besonderheiten einer Äußerung möglichst genau festhalten zu können, benötigt man zum engen Transkribieren weitaus mehr Transkriptionszeichen und Diakritika als zur präskriptiv-normsprachlichen Transkription. Beim engen Transkribieren begegnen uns Laute, die man im Deutschen nicht ohne weiteres erwartet. So können z.B. anstelle der Lenis-Plosive [b d g] homorgane Frikative ([β ð̞ ɣ]) erscheinen. Frikative können mit abweichendem Artikulator realisiert werden (statt des dorsalen [ç] wird koronales [ɕ] gebildet) usw. Außerdem verwendet man weitere Diakritika, die dazu dienen, vom "Prototyp" etwas abweichende Artikulationen oder zusätzliche artikulatorische Eigenschaften festzuhalten.

In Kapitel 1 sind alle Lautschriftzeichen des IPA dargestellt. Unter 1.2 sind die für die normative Transkription bisher noch nicht verwendeten Zeichen aufgeführt und mit akustischen Beispielen illustriert.

Wir beginnen den Übungsteil zur engen Transkription mit Beispielen standardsprachlicher Äußerungen. Den Übungen wird eine Einführung in die phonetische Stilvariation (situative Variation) innerhalb des Standards vorangestellt. Unter 9.3 schließen sich Beispiele für Stilvariation durch zwei Berufssprecher an.

Kapitel 10 beschäftigt sich mit umgangssprachlichen Äußerungen. Die exemplarisch ausgewählten Umgangssprachen werden überblicksartig dargestellt. Anhand authentischer Tonaufnahmen werden typische Erscheinungen der jeweiligen Umgangssprachen demonstriert. Übungen zur engen Transkription umgangssprachlicher Äußerungen schließen das Kapitel zur engen Transkription ab.

In der folgenden Aufstellung finden sich die Abkürzungen für die Bezeichnungen der Tonaufnahmen, die in den weiteren Kapiteln verwendet werden.

Abkürzung	Aufnahme	Abschnitt	ab Seite
GS*nn*	Gespräch "Schuhkauf"	11.1	109
GU*nn*	Gespräch "Urlaub"	11.2	109
NM*nn*	Nachrichten: Mäurer	11.3	110
NT*nn*	Nachrichten: Töpfer	11.4	111
GJ*nn*	Gespräch: Mäurer–Töpfer	11.5	112
HA*nn*	Interview Hallisch	11.6	113
SÄ*nn*	Interview Sächsisch	11.7	114
SW*nn*	Interview Schwäbisch	11.8	115

9 Situative Variation in der Standardaussprache: Stilebenen

Die lautliche Form zusammenhängender Äußerungen unterscheidet sich von der isolierter Wörter oder Wortgruppen. Das Ausmaß an Koartikulation kann hier unter bestimmten Bedingungen viel größer werden als etwa beim Vorlesen eines einzelnen Wortes.

Die suprasegmentale Gestalt einer Äußerung, besonders der Akzent (Betonung) und der sich aus Akzentuierung und Pausen ergebende Sprechrhythmus beeinflussen die Realisation der Laute. Allgemein kann man sagen, je spontaner eine Äußerung ist, desto größer ist der Einfluss der Prosodik auf die Aussprache. Beim Lesen ist er also am geringsten. Gelesene Texte werden rhythmisch relativ gleichmäßig realisiert. Inhaltlich geplante aber frei formulierte Reden weisen schon größere prosodische Variation auf, die aus der Unmittelbarkeit des Formulierens resultiert. Sehr bewegt können Gesprächsäußerungen ausfallen. Sich ergebende Planungs- oder Formulierungspausen, wechselnde Lebhaftigkeit und Anteilnahme des Sprechers, wechselnde Gespanntheit und Sprechgeschwindigkeit bedingen prosodische Variation und schaffen damit die Voraussetzungen für sehr starke koartikulatorische Angleichungsprozesse.

Ob ein Manuskript verlesen, mit Hilfe eines Stichwortzettels frei formuliert oder spontan drauflos geredet wird, resultiert zunächst aus der jeweiligen Kommunikationssituation. Sie bestimmt letztendlich, wie groß prosodische Variation und wie stark assimilatorische Angleichungsprozesse sein dürfen. Die Situation ist also der übergreifende Faktor, der den Rahmen für die phonetische Form einer Äußerung absteckt. Im Folgenden wird auf den Faktor Situation und auf die situativ bestimmten Stilebenen der Standardaussprache näher eingegangen.

Zunächst wird die Situation durch die miteinander sprechenden Kommunikationspartner geprägt, ihren sozialen Status, ihre soziale und kommunikative Rolle und ihre Beziehung zueinander. Auch der Öffentlichkeitsgrad der Situation, die Bedeutsamkeit des Kommunikationsereignisses und des Themas und schließlich Raum- und Zeitfaktoren spielen eine Rolle. Alle diese Faktoren beeinflussen nicht nur stilistische Texteigenschaften wie die Wahl der Lexik und den Satzbau, sondern auch die Aussprache.

Allgemein lässt sich sagen, dass mit zunehmender Vertrautheit der Kommunikationspartner, beim miteinander Sprechen im privaten Bereich über eher belanglose Dinge des Alltags Elisionen und Assimilationen zunehmen. Allerdings ist es nicht so, dass die Aussprache dann grundsätzlich verwaschen klingt. Vielmehr werden bestimmte Laute, Silben, Wörter und Wendungen situationsabhängig regelhaft stärker reduziert.

Die Aussprache des Standarddeutschen ist nicht einheitlich, sondern situationsabhängig verschieden. Sie umfasst zwei phonetische Stilebenen oder Präzisionsstufen (vgl. Krech et al. 1982, 73–77; Meinhold, 1973, 1986):

1. die gehobene phonostilistische Ebene
2. die phonostilistische Ebene des Gesprächs.

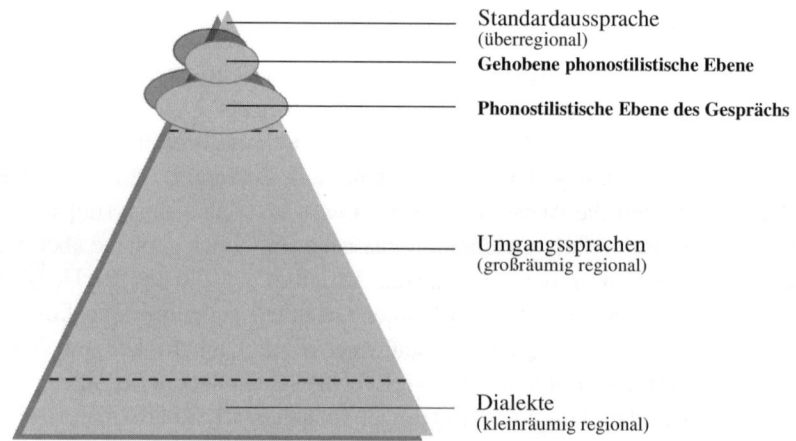

Abbildung 9.1: Phonetische Stilebenen der Standardaussprache

Die gehobene phonostilistische Ebene der Standardaussprache wird eher selten realisiert. Dieses hohe Formniveau ist z. B. beim Rezitieren klassischer Lyrik, beim Sprechen zu öffentlichen, sehr feierlichen Anlässen, eventuell beim Verlesen der Meldungen in den Nachrichtensendungen von ARD und ZDF zu finden.

Die phonostilistische Ebene des Gesprächs umfasst ein breites Spektrum von face-to-face-Kommunikationssituationen. Sie reicht vom dialogisch angelegten Vortrag bis zum überregional geführten familiären Gespräch. Diese phonostilistische Ebene ist damit sehr breit angelegt und wird deshalb in die Formstufen des gehobenen und des lässigen Gesprächs eingeteilt. Beide Gesprächsstilebenen unterscheiden sich eher quantitativ durch ein mehr oder weniger an Assimilationen und Elisionen. Da die Übergänge zwischen beiden Stufen zudem fließend sind, verzichten wir hier auf die Differenzierung zwischen beiden Gesprächsstilebenen und wollen nur zwischen gehobener phonostilistischer Ebene der Standardaussprache und phonostilistischer Ebene des standardsprachlichen Gesprächs unterscheiden.

9.1 Gehobene phonostilistische Ebene der Standardaussprache

Die gehobene phonostilistische Ebene ist die Stilebene mit der präzisesten Artikulation, die noch relativ schriftnah ist, ohne der Schrift ganz zu entsprechen. Da ein Artikulieren ohne Koartikulation und unbeeinflusst vom prosodischen Verlauf, insbesondere vom Sprechrhythmus nicht möglich ist, gelten auch innerhalb dieser phonostilistischen Ebene alle unter Kapitel 4 eingeführten Ausspracheregeln.

Außerdem kommt es auch hier schon zu Reduktionen der Endsilben ‹-en›, und zwar abhängig vom vorangehenden Laut. Hier können folgende Orientierungen gelten:

- Nach Frikativen außer [ʁ] wird das [ə] der Endung ‹-en› immer elidiert.

  Beispiele:
‹wissen›	[ˈvɪsn̩]
‹wissend›	[ˈvɪsn̩t]
‹waschen›	[ˈvaʃn̩]
‹riechen›	[ˈʁiːçn̩]
‹rauchen›	[ˈʁa͜ʊxn̩]

  Ausnahmen: Das [ə] bleibt erhalten im Diminutivsuffix ‹-chen› und der Silbe ‹-jen-› (‹Mädchen› [ˈmɛːtçən], ‹Familien› [faˈmiːljən])

- Nach Plosiven *kann* das [ə] der Endung ‹-en› elidiert werden. Formen mit und ohne Schwa stehen gleichberechtigt nebeneinander. Nach erfolgter Elision wird das [n] des Suffixes in seiner Bildungsstelle an den vorangehenden Plosiv angeglichen.

  Beispiele:
‹werden›	[ˈveːɐ̯dən]	oder	[ˈveːɐ̯dn̩]
‹hatten›	[ˈhatən]	oder	[ˈhatn̩]
‹haben›	[ˈhaːbən]	oder	[ˈhaːbm̩]
‹Happen›	[ˈhapən]	oder	[ˈhapm̩]
‹wegen›	[ˈveːgən]	oder	[ˈveːgŋ̍]
‹wecken›	[ˈvɛkən]	oder	[ˈvɛkŋ̍]

- Nach allen anderen Lauten wird das Schwa nicht elidiert.

  Beispiele:
‹kommen›	[ˈkɔmən]
‹sehen›	[ˈzeːən]
‹wollen›	[ˈvɔlən]
‹waren›	[ˈvaːʁən]

Merke: Innerhalb der gehobenen phonostilistischen Ebene der Standardaussprache treten regelmäßig folgende Reduktionen auf:

- Nach Frikativen wird das Suffix ‹-en› immer vokallos realisiert. (Ausnahmen: Diminutivsuffix ‹-chen› und Silbe ‹-jen-›)
- Nach Plosiven sind Formen mit und ohne [ə] möglich.
- Nach allen anderen Lauten wird das [ə] nicht elidiert.

9.2 Die phonostilistische Ebene des standardsprachlichen Gesprächs

Wie schon erwähnt wurde, umfasst die phonostilistische Ebene des standardsprachlichen Gesprächs einen sehr breiten Bereich von Kommunikationsereignissen: den halböffentlichen, dialogisch gehaltenen Vortrag, das Unterrichtsgespräch wie auch das Gespräch in der Familie oder im Freundeskreis. Deshalb unterscheidet man zwei Präzisionsstufen, die Formstufe des gehobenen Gesprächs und die Formstufe des lässigen Gesprächs. Die folgenden Ausführungen gelten für beide Formstufen des Gesprächs, wobei innerhalb der Formstufe des lässigen Gesprächs bestimmte Erscheinungen häufiger sind und weitere Reduktionen hinzukommen, auf deren Beschreibung hier aber verzichtet wird (Zur Formstufe des lässigen Gesprächs vgl. Meinhold 1973, 1986 und Rues 1993.).

Neben den unter Kapitel 4 beschriebenen allgemeingültigen situationsunabhängigen Ausspracheregeln des Deutschen weist die Aussprache im standardsprachlichen Gespräch folgende Besonderheiten auf:

(1) Reduktion der Suffixe ‹-en, -el, -em›

Im Gespräch wird das [ə] des Suffixes ‹-en› in der Regel elidiert. Die eher seltenen Formen mit Schwa werden in betonten Wörtern und nach ‹r› oder – noch seltener – nach Nasalkonsonanten realisiert (Lemke 1998).

Beispiele: ‹kommen› [kɔm:] oder [kɔm], ‹kennen› [kɛn:] oder [kɛn], ‹bringen› [bʁɪŋ:] oder [bʁɪŋ], ‹sehen› [zeːn], ‹ziehen› [tsiːn], ‹wollen› [vɔln], ‹waren› [vaːɐ̯n] oder [vaːn], ‹hören› [høːɐ̯n]

Auch im Suffix ‹-el› wird das Schwa im Gespräch elidiert. Die Endung ‹-em› wird überwiegend vokallos gesprochen (zu den Suffixen vgl. auch Lemke 1998).

(2) Vokalveränderungen in Artikeln und Pronomina

In Artikeln und Pronomina werden häufig anstelle der langen gespannten Vokale kurze ungespannte zentralere Vokale gebildet. Sie verändern ihre Qualität in Richtung [ə], werden als [ə] gesprochen oder fallen gelegentlich auch ganz aus.

Beispiele:

‹der›	[dɛ(ɐ̯) dɐ]	‹an der 'Wand›	[ʔan dɛɐ̯ 'vant]
‹die›	[dɪ də]	‹in die 'Küche›	[ʔɪn dɪ 'kʏçə]
‹das›	[dəs]	‹'weiß das Kind›	['vaes̯ dəs kɪnt]
‹den›	[dɛn dən]	‹aus den 'Büchern›	[ʔao̯s dən 'byːçɐn]
‹du›	[dʊ də]	‹kannst du mal 'kommen›	[kanstˀ dʊ ma 'kɔm:]
‹er›	[(ʔ)ɛ(ɐ̯) ɐ]	‹'kann er das›	['kan ɐ das]
‹sie›	[zɪ zə]	‹'weiß sie es schon›	['vaes̯ zɪs ʃoːn]
‹wir›	[vɪ(ɐ̯) vɐ]	‹können wir nicht 'doch›	[kœn vɐ nɪç 'dɔx]
‹ich›	[ç]	‹ich 'weiß nicht›	[ç 'vaes̯ nɪç]

(3) Verlust des festen Stimmeinsatzes bei Vokalen

Der feste Stimmeinsatz [ʔ], der für Vokale im Anlaut deutscher Wörter innerhalb der gehobenen Stilebene charakteristisch ist (vgl. 4.6), wird im Gespräch häufig nicht realisiert oder zur Knarrstimme reduziert, die sich über einen Teil des Vokals erstreckt. (vgl. NT02–03 ‹ist ein Häftling ausgebrochen›). Besonders bei enklitisch an Akzentwörter gebundenen Funktionswörtern ist das der Fall.

Beispiele: ‹hat er› [ˈhat ɛɐ̯], ‹weiß ich› [ˈvae̯s ɪç]

(4) Ausfall von ‹t›

Das ‹t› fällt im Auslaut einiger gebrauchshäufiger Wörter im Gespräch in der Regel aus. Das betrifft ‹ist, jetzt, nicht›, oft auch ‹und, sind, sonst›.

Beispiel: ‹Nicht 'wahr? Das 'ist jetzt eben so.› [nɪç ˈvaː| dəs ˈʔɪs jɛts ʔeːbm̩ zoː]

(5) Vokalisches R nach Kurzvokalen

Im Gespräch wird (nicht nur nach Langvokalen, vgl. 4.2, sondern auch) in der Silbenkoda nach Kurzvokalen das R vokalisiert oder elidiert.

Beispiele:

‹wird›	[vɪɐ̯t] oder [vɪːt]
‹Turm›	[tʊɐ̯m] oder [tʊːm]
‹fort›	[fɔɐ̯t] oder [fɔːt]
‹hart›	[haɐ̯t] oder [haːt]

(6) Lenis-Plosive oder Glottalisierung statt Fortis-Plosive

[p t k] werden in der Silbenkoda und im Stammauslaut häufig als stimmlose Lenes realisiert. Die Lenisierung betrifft auch die der Auslautverhärtung unterliegenden ‹b d g›, die eigentlich als [p t k] zu sprechen wären. In diesen Fällen ist die Auslautverhärtung oft unvollständig.

Beispiele:

‹er lebt›	[ʔeːɐ̯ ˈleːbt]
‹Kind›	[kɪnd̥]
‹Weg›	[veːg̊]
‹Tante›	[ˈtand̥ə]

Statt [p t k] werden neben Lenis-Formen häufig auch Glottalverschlüsse oder Knarrstimme realisiert.

Beispiele:

‹hatten›	[ˈhaʔn̩]
‹Krankenkassen› (NM25)	[kʁ̥aŋŋ̍ŋ̍kʰasn̩]

(7) Elision von Lenis-Plosiven vor reduzierten Endsilben ‹-en›

Im Gespräch fallen [b d g] vor reduzierten Endungen ‹-en› häufig aus.

Beispiele:

⟨haben⟩   [haːm]
⟨werden⟩ [veːɐ̯n]
⟨wegen⟩   [veːŋ]

(8) Frikatisierung von Lenis-Plosiven

Bei Lenis-Plosiven wird häufig der orale Verschluss nur noch unvollständig realisiert, so dass frikative Realisationen entstehen: [b d g] werden zu [β ð̞ ɣ].

Beispiele:

⟨aber⟩   [ˈʔaːβɐ]
⟨weder⟩ [ˈveːð̞ɐ]
⟨sage⟩   [ˈzaːɣə]

(9) Elision des [l]

In gebrauchshäufigen Wörtern, besonders in ⟨also⟩ und ⟨mal⟩ und im Suffix ⟨-lich⟩ fällt [l] häufig aus.

Beispiele: ⟨also⟩ [ʔazo], ⟨mal⟩ [ma], ⟨wirklich⟩ [ˈvɪːg̊ɪç]

(10) Phonetische Ellipsen

Häufige feste Wendungen, Grußformeln u. Ä. verschmelzen zu einer Einheit und werden sehr stark reduziert. Sie bilden phonetische Ellipsen.

Beispiele: ⟨guten Abend⟩ [naːmt], ⟨sagen wir mal so⟩ [zaŋ vɐ ma ˈzoː]

Reduktionsbedingungen

Alle diese Schwächungserscheinungen sind nicht wie die unter 4 erläuterten Ausspracheregeln obligatorisch, sondern in Gesprächssituationen häufige und damit sehr wahrscheinliche Reduktionen.

Ihr Auftreten erstreckt sich auch nicht gleichmäßig über die gesamte Äußerung, sondern ist an bestimmte prosodische und *Redundanzbedingungen* innerhalb des Gesprächs gebunden.

Redundantere Äußerungsteile, Wörter oder Morpheme werden stärker reduziert. Hierzu zählen Synsemantika und Flexions- und Derivationsmorpheme. Grundsätzlich sind solche Elemente aus dem Kontext eher ergänzbar oder erratbar und damit für die Information entbehrlicher als Autosemantika oder Basismorpheme. Ebenso besitzen Auslautstrukturen wie die Silbenkoda oder der Wortstammauslaut größere Reduktionsbereitschaft als der Wortanlaut. Letzterer ist für das Verstehen der Äußerung beträchtlich wichtiger und wird aus diesem Grunde präziser artikuliert.

Daneben entscheidet der Sprecher, welches Wort ihm in einer Äußerung wichtig ist. Diese Wörter werden akzentuiert und damit phonetisch besser ausgestattet. *Akzentwörter* werden durch phonetische Kontrastierung, d. h. Melodieanstieg oder -fall, durch größere Lautheit und zumindest gelängte Akzentvokale, vergleichbar dem Unterstreichen mit Textmarker in

Merke: Das standardsprachliche Gespräch weist folgende charakteristische Reduktionen auf:

- Ausfall des Schwa in allen Suffixen ‹-en›, häufig auch in ‹-em› und ‹-el›
- Vokalreduktion in Artikeln, Pronomina und anderen Funktionswörtern: Statt der langen gespannten Vokale werden kurze ungespannte Vokale oder [ə] gesprochen. Gelegentlich fällt der Vokal aus.
- [ʔ]-Ausfall
- Ausfall des ‹t› in ‹ist, jetzt, nicht› u. a. gebrauchshäufigen Wörtern
- Vokalisches R oder Ausfall des R nach Kurzvokalen in der Silbenkoda
- Lenisierung oder Glottalisierung von [p t k] in der Silbenkoda und im Stammauslaut zu [b̥ d̥ g̊]
- Frikatisierung von [b d g] zu [β ð̠ ɣ] oder Ausfallen dieser Laute vor ‹-en›
- Ausfall von ‹l› in ‹also, mal, -lich›
- elliptische Realisation fester Wendungen

Reduktionen werden begünstigt durch:

- Redundanz
- Unbetontheit
- hohe Sprechgeschwindigkeit und geringe Sprechspannung.

einem geschriebenen Text, hervorgehoben. Damit wird die Voraussetzung für eine präzise artikulatorische Ausführung geschaffen, Reduktion verhindert und die Verständlichkeit dieser Informationsteile gesichert.

Insgesamt kann man sagen, dass unbetonte beschleunigte Passagen eher stark, betonte Wörter und besonders die Akzentsilben dagegen nicht reduziert werden. Hohe *Sprechgeschwindigkeit* und geringe *Sprechspannung* fördern außerdem Reduktionsprozesse (vgl. Rues 1993, 122–125, 138–140).

Anmerkungen zu den Übungen

Zur konkreten lautsprachlichen Form von Gesprächsäußerungen lassen sich nicht so genau Vorhersagen machen wie zur Ausspracheform gelesener oder weitgehend vorgeplanter Äußerungen. Die Spontanität von Gesprächsäußerungen führt zu im Detail nicht vorsehbarer größerer prosodischer Unregelmäßigkeit, zu Planungspausen, stärker beschleunigten oder sehr zögernd, lauter oder leiser gesprochenen Äußerungsteilen. Innerhalb eines Gesprächs verändern sich häufig mit wechselnder Bedeutsamkeit des Gegenstandes für den

Sprecher auch das Engagement und damit verbunden die Sprechspannung des Sprechers. Alle diese Faktoren wirken sich wie oben beschrieben auf den Reduktionsgrad und damit die konkrete Äußerungsform aus und entwickeln sich deshalb kaum vorhersehbar.

Aus diesem Grunde wird bei der Transkription der Gesprächstexte auf jegliche präskriptiv orientierte Transkription verzichtet. Die Transkripte sind vielmehr enge Notationen der als Klangdatei vorliegenden Gesprächsausschnitte. Sie dienen weniger als Prototyp für "das Gespräch" als vielmehr als Gesprächsbeispiel und der Übung im engen Transkribieren realer spontansprachlicher Äußerungen.

Hören Sie die vorliegenden Gesprächsausschnitte wortgruppenweise ab und transkribieren Sie möglichst eng auch unter Nutzung der Diakritika. Im Lösungsteil befinden sich die transkribierten Gesprächsausschnitte zum Vergleich.

Kleine Abweichungen Ihrer Transkripte von den Lösungen müssen nicht wie bei den Übungen zu Abschnitt 4 als Fehler gelten. Da jeder Transkribierende auf seine individuelle phonetische Kompetenz, vor allem seine internen lautlichen Klangmuster zurückgreifen muss, ist es fast unvermeidbar, dass enge Transkripte verschiedener Transkribierender etwas voneinander abweichen. Insofern stellt unsere Transkription einen Vorschlag dar.

☉ Übung und Tonbeispiele 11.1 und 11.2

Literaturempfehlungen

Lemke, S. (1998). Phonostilistische Untersuchung zur deutschen Standardaussprache. Zur Realisation der Endungen -en, -em, -el. *Interkulturelle Kommunikation (Sprache und Sprechen) 34*), 128–134. München, Basel.

Meinhold, G. (1986). Phonostilistische Ebenen in der deutschen Standardaussprache. *DaF* 5, 288–293.

Rues, B. (1993). *Lautung im Gespräch. Ergebnisse einer empirischen Untersuchung (Forum phoneticum 53)*. Frankfurt am Main.

9.3 Beispiele für Stilvarianten bei gleichen Sprechern

Im Abschnitt 3 wurde bereits dargelegt, dass jeder Sprecher über einen mehr oder weniger großen Ausschnitt aus dem Varietätenkontinuum des Deutschen verfügt. Dieser Ausschnitt, der z. B. einen Dialekt und eine dialektnahe Umgangssprache oder den Standard mit seinen unterschiedlichen Präzisionsstufen umfassen kann, ist Resultat des individuellen sprachlichen Sozialisationsprozesses, Resultat sprachlichen Lernens in unterschiedlichsten Kommunikationssituationen. Der Sprecher hat erfahren, dass man sich mit unterschiedlichen Partnern und in unterschiedlichen Situationen verschieden ausdrückt und auch phonetisch verschieden spricht. Dabei wird ihm diese Erfahrung zumindest im phonetischen Detail in der Regel nicht bewusst.

Jeder von uns verfügt also über einen Spielraum in der Artikulation wie der prosodischen Form. Wir nutzen ihn, um uns situativ angemessen zu äußern und zielbezogen kommunikativ zu handeln. Dieser Spielraum gehört zur muttersprachlichen Kompetenz und macht gelegentlich den einzigen Unterschied zu sehr gut Deutsch sprechenden Nicht-Muttersprachlern aus.

Wir reagieren also auf eine gegebene Situation und beeinflussen, ja bestimmen sie auch durch die phonetische Form. Ein Beispiel hierfür sind die Nachrichten. Die Art, wie sie realisiert werden, prägt dieses Sendeformat und verleiht den Meldungen wie dem Sprecher Gewicht und Glaubwürdigkeit. Die phonetische Form trägt beträchtlich dazu bei, dass wir Nachrichtensendungen als solche erkennen und akzeptieren. Es versteht sich von selbst, dass Nachrichtensprecher in anderen Situationen anders "klingen".

Zu den Übungen

Die Aufnahmen 11.3–11.5 sollen exemplarisch die oben beschriebene stilistische Variation durch einen Sprecher illustrieren. Sie hören von zwei Sprechern des Mitteldeutschen Rundfunks, Dietrich Karl Mäurer und Gunnar Töpfer, jeweils eine Nachrichtenlesung und anschließend einen Ausschnitt aus einem Gespräch, das beide miteinander führten.

Transkribieren Sie die Texte eng. Im Lösungsteil finden Sie die entsprechenden Ausschnitte in transkribierter Form. Versuchen Sie, die wesentlichen Unterschiede zwischen dem Sprechstil der Nachrichten und dem des Gesprächs zu erfassen. Berücksichtigen Sie dabei besonders die in 9.2 beschriebenen Gesprächsmerkmale.

🎧 Übung und Tonbeispiele 11.3–11.5

Phonostilistisch vergleichende Betrachtungen zu den Übungstexten

Vergleicht man die gelesenen Nachrichten und das Gespräch von D. K. Mäurer und G. Töpfer, fällt zunächst die unterschiedliche **prosodische** Form beider Textsorten auf.

Beide Sprecher lesen die Nachrichtenmeldungen so, dass sie als solche sofort erkennbar sind. Die vorliegende Schriftform, das daraus resultierende reproduzierende Sprechen sowie die Informationsdichte von Nachrichten bedingen relative Konstanz in der prosodischen Gestaltung insgesamt und eine geringere Schwankungsbreite in der Varianz einzelner Parameter.

Obwohl beide Sprecher die Nachrichten vollkommen textsortenangemessen realisieren, bleiben individualstilistische Besonderheiten erhalten. Am Beispiel ausgewählter Sequenzen (NT08, NM15, vgl. Abb. 9.2 und 9.3) sollen diese und die die Textsorten unterscheidenden prosodischen Eigenschaften demonstriert werden. Im Einzelnen sind das Merkmale der Melodisierung (mittlere Sprechstimmlage [MSL] und Tonhöhenumfang), der temporalen Struktur (mittlere Sprechgeschwindigkeit [MSG] und Pausensetzung) und die Stimmqualität.

Dietrich Karl Mäurer

Betrachtet man den Verlauf der Melodie in Abbildung 9.2, so entstehen für die Nachrichten und das Gespräch unterschiedliche Strukturen.

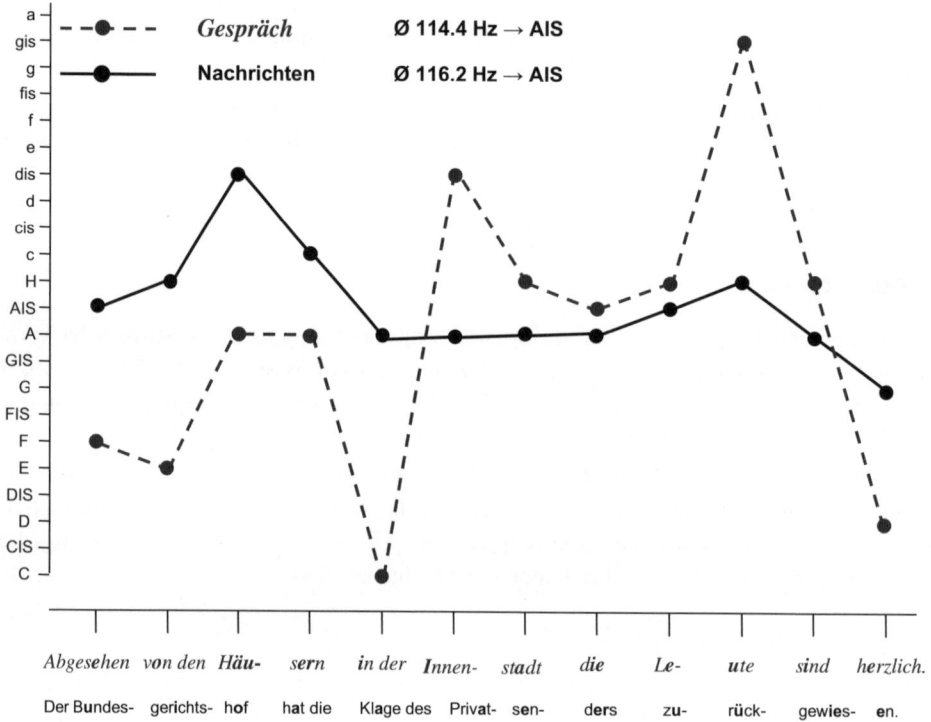

Abbildung 9.2: Tonhöhenunterschiede zwischen Gesprächs- und Nachrichtenstil an einzelnen Verläufen des Sprechers D. K. Mäurer exemplarisch dargestellt

In den Nachrichten werden melodische Akzente durch Intervalle in der Größe einer großen Terz bzw. einer Quarte realisiert. Diese Intervalle entsprechen den für die Indifferenzlage angegebenen Durchschnittswerten (Fiukowski 2004, 72). Zudem zeigt sich eine ausgewogene Kurve, die vor allem im Mittelteil etwas weniger Bewegung aufweist und somit Anfang und Ende der Äußerung (Thema-Rhema-Akzentuierung) vor diesem Mittelteil kontrastiert. Mit einer mittleren Sprechstimmlage um AIS (≈ 116.2 Hz) befindet sich der Sprecher an der oberen Grenze der Bassstimmlage mit Tendenz zum Bariton (Wirth 1995, 123).

Im Gespräch werden auf engerem Raum größere Intervalle (im Bereich einer großen Sexte) realisiert, ohne dass sich dabei die MSL verändert. Dadurch entsteht eine Kurve, die sich durch relativ starke melodische Akzentuierungen auszeichnet.

Bezüglich der temporalen Struktur unterscheiden sich die beiden Textsorten kaum. Die mittlere Sprechgeschwindigkeit (MSG) für die Nachrichten liegt bei 5.9 Silben pro Sekunde und damit leicht über der MSG des Gesprächs mit 5.7 Silben pro Sekunde. Diese Werte liegen an der oberen Grenze des von Goldman-Eisler (1968, 24) mit 4.4–5.9 Silben pro Sekunde angegebenen Normbereichs.

Zudem werden im Gespräch Planungspausen und agogische Phänomene (Verzögerungen und Beschleunigungen) realisiert, so dass die Sprechgeschwindigkeit insgesamt als weniger ausgeglichen empfunden wird.

Für die Gesprächssequenz lassen sich darüber hinaus Veränderungen in der Stimmqualität beschreiben. Das Timbre der Stimme ist etwas heller als in der Nachrichtenaufnahme. Einige Passagen weisen Entstimmungen und Knarranteile über mehrere Silben auf. Der Stimmklang wirkt so etwas weniger sonor und ausgewogen.

Gunnar Töpfer

Sprechmelodieumfang und Melodievariation sind bei diesem Sprecher relativ groß. Insbesondere fällt auf, dass G. Töpfer die Sprechmelodie sehr stark absenkt. Seine sehr tiefen Satzschlüsse signalisieren fast überdeutlich Kompetenz und Männlichkeit und kontrastieren mit den helleren höheren Melodieteilen, die einen noch jungen Sprecher vermuten lassen. Im Vergleich zu D. K. Mäurer wirken Sprechmelodie und Timbre weniger homogen.

Im Einzelnen kann der melodische Verlauf der ausgewählten von G. Töpfer gesprochenen Sequenzen wie folgt beschrieben werden: Der Sprecher zeichnet sich durch eine sehr tiefe mittlere Sprechstimmlage aus, die für das Gespräch mit ≈ 106.2 Hz (GIS) an der unteren Grenze des für den Bass angegebenen Bereichs und mit ≈ 80.4 Hz (E) für die Nachrichten ca. 1 Terz unter den Normwerten liegt.

Unterschiedliche Sprechmelodieverläufe für den Sprecher Töpfer sind in Abbildung 9.3 dargestellt.

Mit melodischen Intervallen, die etwa einer Quarte entsprechen, und kleineren Bewegungen in der Binnenstruktur zeigt sich, verglichen mit D. K. Mäurer, eine leicht bewegtere Kurve für die Nachrichten. Auffällig ist der extrem große Melodieumfang von $1\frac{1}{2}$ Oktaven (große Dezime) zwischen den Extrempunkten in der Gesprächssequenz. Der starke Abfall in eine extreme Tiefe ist begleitet von Entstimmungen und Knarranteilen, sowohl bei den Nachrichten als auch im Gespräch.

In Bezug auf ihre temporale Beschaffenheit kann die MSG für die Nachrichten mit 7,2 Silben pro Sekunde und für den Gesprächsausschnitt mit 7,7 Silben pro Sekunde als extrem hoch beschrieben werden. Das als sehr schnell empfundene Sprechen ist zudem auf extrem kurze Pausen und geringe Modulation in der Agogik zurückzuführen.

Zusammenfassend kann festgestellt werden, dass beide Sprecher gelesene Nachrichten und freies Gespräch als unterschiedliche Textsorten prosodisch hörbar verschieden gestalten, ohne individualstilistische Besonderheiten aufzugeben.

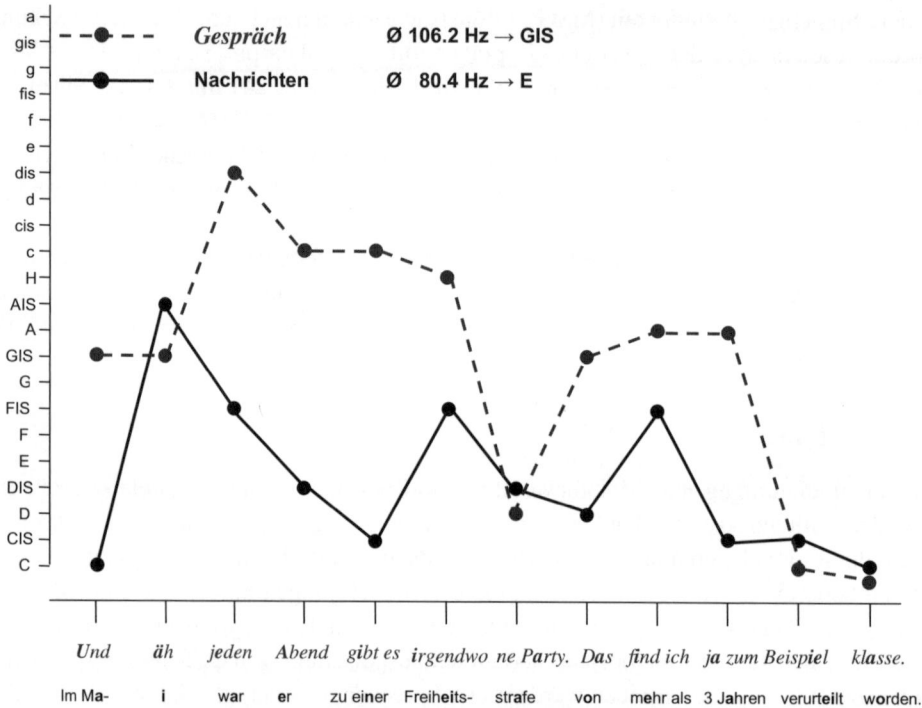

Abbildung 9.3: Tonhöhenunterschiede zwischen Gesprächs- und Nachrichtenstil an einzelnen Verläufen des Sprechers G. Töpfer exemplarisch dargestellt

Sie realisieren beide für die Nachrichten kleinere melodische Intervalle, wohingegen die melodische Variabilität sowohl quantitativ (Häufigkeit der Akzente) als auch qualitativ (Größe der Intervalle) für das Gespräch zunimmt.

Zur Sprechgeschwindigkeit kann bemerkt werden, dass sie im Gespräch variabler ist und mit zunehmender Spontanität und Lebhaftigkeit eher zunimmt (besonders bei G. Töpfer). Pausen erscheinen unregelmäßiger. Die Anzahl kurzer Sprechtakte nimmt zu. Ebenfalls erhöht sich der Anteil der Pausen an der Gesamtsprechzeit.

Auch **segmental** unterscheiden sich die Nachrichten von den Gesprächsäußerungen. Die relative prosodische Ausgewogenheit der Nachrichten ist mit vergleichsweise großer artikulatorischer Präzision verbunden. Im Gespräch fällt dagegen sofort die größere Lässigkeit auf. Satzellipsen (z.B. GJ05–10), stark kontrahierte Gradpartikel (z. B. GJ20 ‹irgendwie› [ɪɲvi], GJ30 ‹irgendwo› [ɪɣɨ̃ʋə], GJ42 ‹eigentlich› [aɛ̃ŋgɪz], GJ24 ‹einfach› [ãɛ̃fa], reduzierte enklitische Pronomina und Artikel (GJ11) usw. prägen das Bild. Assimilationen und Elisionen sind wesentlich häufiger. Das schlägt sich im deutlich höheren Anteil **elidierter Silben** im Vergleich zur phonetisch vollständigen Textform nieder. Im Nachrichtentext fallen nur ausnahmsweise Silben aus (ca. 1 %). Im Gespräch werden dagegen im Vergleich zur phonetisch vollen Form ca. 10 % der Silben nicht realisiert.

Silbenzahl und Silbenverlust resultieren großteils aus der Aussprache des **Suffixes ‹-en›**. Bereits die Nachrichten wurden überwiegend ohne Schwa gelesen. Nur nach Nasalkonsonanten und teilweise [ʁ] werden volle Formen mit Vokal realisiert (wenige Ausnahmen). Im Gespräch finden sich gar keine vollen Suffixe ‹-en› mehr (eine Ausnahme, die sehr emphatisch wirkt).

Bei **Plosiven vor ‹-en›** fällt in beiden Textsorten auf, dass bei Ausfall des Schwa der Plosiv nach homorganem Nasal nur noch durch eine Unterbrechung der Stimmbeteiligung (Knarrstimme oder Stimmlosigkeit) markiert wird. Die Velumhebung unterbleibt (NM03 ‹gefunden› [gəfʊnˀn̩], NM14 ‹ausblenden› [a͜ʊsblɛnn̩], NM23 ‹Patienten› [pʰaˈtsjɛnn̩], GJ26 ‹Studenten› [ʃʊdɛnn̩]).

Gesprächstypisch ist der regelhafte **T-Ausfall** in den gebrauchshäufigen Wörtern ‹ist jetzt, nicht›. In den Nachrichten werden diese Wörter mit [t] realisiert. Bei ‹und› und ‹sind› schwankt im Gespräch der Gebrauch.

Der **Lateralapproximant** fällt im Gespräch häufig aus, und zwar in ‹mal, viel› und ‹also›.

Andere in 9.2 als phonostilistisch differenzierend beschriebene Eigenschaften werden in unseren Beispieltexten nicht wie erwartet deutlich differenzierend ausgesprochen. Dazu gehört die Vokalaussprache in Artikeln und Pronomina. Beide Sprecher benutzen in beiden Textsorten wortspezifisch mal gespannte und mal ungespannte Vokale. Der Artikel ‹der› wird beispielsweise eher mit ungespanntem [ɛ], ‹die› dagegen in den Nachrichten wie im Gespräch mit gespanntem [i] realisiert.

Ebenfalls gibt es keine klaren Unterschiede bei der Aussprache von R nach Kurzvokalen.

Eine eindeutige **phonostilistische Einordnung** (vgl. 9.2) beider Texte ist nicht möglich. Die Nachrichten genügen einerseits nicht in allen artikulatorische Parameter der gehobenen Stilebene der Standardaussprache: Zum Beispiel werden Lenis-Plosive vor reduzierten ‹-en› assimiliert. Vokale in Artikeln und Pronomina werden qualitativ verändert. Andererseits erscheinen statt der gesprächstypischen Reduktionen vollständige Realisationen: Zum Beispiel werden ‹-en› nach Nasalkonsonanten voll realisiert. Innerhalb der phonostilistischen Ebene des standardsprachlichen Gesprächs würden alle Endungen ‹-en› ohne Schwa gesprochen. Die Wörter ‹ist, jetzt, nicht› werden mit Plosiv artikuliert. Im Gespräch wäre das nicht der Fall.

Die Nachrichtenlesungen beider Sprecher weisen also offensichtlich Eigenschaften der gehobenen Stilebene wie des gehobenen standardsprachlichen Gesprächs auf.

Im Gespräch ist die artikulatorische Präzision nicht konstant. D. K. Mäurer beginnt in relativ ruhiger Sprechweise deutlich artikulierend. Er realisiert offensichtlich gehobene Gesprächslautung. Das Gespräch wird aber schnell lebhafter. Ellipsen, Assimilationen, Relaxationen und Elisionen werden häufiger, die Aussprache wechselt in die lässige Stilebene des standardsprachlichen Gesprächs. Solche Einordnungsprobleme sind normal und darin begründet, dass Kommunikationssituationen sich im Kommunizieren verändern. Dies wird artikulatorisch reflektiert oder drückt sich durch die phonetische Form aus.

10 Umgangssprachen

Eine anspruchsvolle Aufgabe der Gegenwart ist die Erforschung des Varietätenbereichs zwischen Standard und Dialekten, des Bereichs der Umgangssprachen / Regionalstandards (Baßler und Spiekermann 2001, 2) / regionalen Gebrauchsstandards (Bernd 2004, 143), um nur einige Varietätenbezeichnungen zu nennen. Ohne die Einbeziehung der phonetischen Form ist das kaum möglich. Das bedeutet, dass zuverlässige, vergleichbare Transkriptionen gerade solcher Äußerungen erstellt werden müssen. Diese Aufgabe erweist sich als besonders schwierig.

Je weiter man sich beim Versuch eng zu transkribieren im Dialekt-Standard-Kontinuum vom Standard entfernt, desto schwieriger wird es, den Höreindruck adäquat durch IPA-Symbole wiederzugeben.

Zum einen erschweren die Fremdheit des Höreindrucks und die Schwierigkeit, das Gehörte artikulierend nachzuvollziehen die Transkription. Man erfährt, dass was man nicht artikulieren kann auch schlechter hörend erfassbar, unterscheidbar und klassifizierbar, d.h. transkribierbar ist. Erst bei längerer Beschäftigung mit dem Regiolekt gelingt es, Gleiches konstant zu transkribieren und Sicherheit in der Zuordnung des Gehörten zu erlangen.

Zum anderen findet sich oft kein aus der Standardtranskription bekanntes IPA-Symbol, dass allein geeignet wäre, das Gehörte wiederzugeben. Man benötigt also relativ viele Diakritika und ansonsten im Deutschen ungebräuchliche Lautsymbole. Die Transkriptionen erscheinen überfrachtet und schwer lesbar.

An dieser Stelle sollen Aufnahmen und Transkriptionsproben zu exemplarisch ausgewählten Umgangssprachen vorgestellt werden, die Ergebnis des Versuches sind, regionale Variation mit Hilfe des IPA zu erfassen. Zunächst wird eine einführende Überblicksdarstellung zu der jeweiligen Varietät, die die ausgewählten Aufnahmen repräsentieren, gegeben. Transkribierte Beispiele, die auch als Klangdatei gegeben sind, illustrieren die Darstellung. Im Kapitel 11 finden sich dann unter 11.6 bis 11.8 kurze Übungen zu den ausgewählten Umgangssprachen.

Bisher nicht verwendete Transkriptionszeichen sind unter 1.2 aufgelistet und mit Hörbeispielen aus dem Korpus des Buches belegt.

10.1 Umgangssprache der Stadt Halle (Saale)

10.1.1 Sprachgeografischer Hintergrund

Die Umgangssprache der Stadt Halle (Saale) hat sich vom Mittelalter bis heute auf der Grundlage einer ehemals niederdeutsch geprägten Stadtsprache zu einer ostmitteldeutschen städtischen Umgangssprache entwickelt. Halle liegt an der Saale, der Grenze vom obersächsischen zum thüringischen Sprachgebiet. Aus dialektologischer Sicht ist die Einordnung der

Stadt Halle nicht eindeutig: Manche Autoren rechnen Halle zum obersächsischen Sprachraum (Bergmann und Becker 1969; Bergmann 1990). Andere wiederum zählen das Hallische zum thüringischen Sprachgebiet (Spangenberg 1998; Lemmer 1998). Die Zuordnung zum thüringischen Sprachgebiet wird sprachhistorisch damit begründet, dass die deutsche Besiedlung des östlichen Saaleraumes vom so genannten "Altland" westlich der Saale ausging (Lemmer 1998, 108).

Aus heutiger Sicht kann die Umgangssprache von Halle nicht mehr zu einem dieser Gebiete eindeutig zugeordnet werden, da die Halle-Leipziger-Tieflandsbucht als "offenes Tor" (Rosenkranz 1964, 90) fungiert, durch das umgangssprachliche Formen vom Raum Magdeburg-Halle-Leipzig in den ostthüringischen Raum dringen und die Mundarten im Mansfeldischen und Altenburgischen aufgelöst haben (Rosenkranz 1964, 277). Auch Bergmann und Becker (1969, 104) kennzeichnen das Gebiet zwischen dem mitteldeutschmeißnischen Süden und dem niederdeutschen Norden als "Übergangslandschaft" ohne sprachlich-kulturelle Eigenständigkeit. So liegt für das Hallische eine Kombination umgangssprachlicher Merkmale auf allen Sprachebenen vor, die diesen Durchmischungscharakter widerspiegeln.

In vielen segmentalen Merkmalen deckt sich die Umgangssprache von Halle mit der Umgangssprache in Städten des obersächsischen Sprachraumes. Wenn man aber die Einwohner von Halle befragt, ob das Hallische mit zum Obersächsischen zu zählen ist, trifft folgendes Zitat von Lemmer (1998, 106) zu: "Fremde meinen oft, das Hallesche sei sächsisch. Die haben nicht richtig hingehört, denn schon der Sprechklang widerlegt eine solche Ansicht. Der Hallenser "singt" nicht wie der Obersachse." Die Unterschiede sind wahrscheinlich eher auf der suprasegmentalen Ebene zu suchen. Das meint auch Spangenberg (2000, 26), wenn es um die Abgrenzung des thüringischen und obersächsischen Sprachraumes geht: "In der Wahrnehmung von außen verwischen sich nicht selten die Konturen regionaler Differenziertheit, lassen jedoch suprasegmentale Faktoren wie Sprachmelodie und Akzentuierung besonders hervortreten."

10.1.2 Merkmale der Umgangssprache von Halle

Eine ausführliche und präzise Zusammenstellung der hallischen Lautung auf der Wortebene gelingt Schönfeld (1964), der allerdings einige Typika der Umgangssprache von Halle – wie beispielsweise die koartikulatorischen Besonderheiten in der unakzentuierten Silbe und auf der Äußerungsebene – nur am Rande erwähnt. Die folgende Beschreibung stützt sich (auch mit den Beispielen) neben eigenen Untersuchungen auf die Angaben von Schönfeld (1964).

Vokalische Merkmale

Im Bereich der Vokale kommt es aufgrund der niedrigen Muskelspannung in der hallischen Umgangssprache und der damit verbundenen geringeren Zungen- und Lippentätigkeit zu Entrundungs-, Öffnungs- und Zentralisierungserscheinungen. "Die Zunge wird bei der Lautbildung nur in geringem Maße aus der Ruhelage entfernt. Die Vokale werden fast immer zurückgezogen gebildet und klingen dadurch dumpf und trübe." (Schönfeld 1964, 593).

A-Laute Die A-Laute treten als vorderes [a] sowie hinteres [ɑ] bis hin zum offenen [ɔ] auf. Die Verlagerung der A-Laute nach hinten ist stark vom Lautkontext abhängig: Vor hinteren Konsonanten [g], [x] sowie den verschiedenen R-Lauten treten Verlagerungserscheinungen des A-Lautes zum [ɑ] bzw. [ɔ] hin auf. Die auftretenden Varianten beim kurzen A-Laut sind [a ɑ ɑ̞ ɔ], z. B. in ‹machen, Ganger› [ˈmaxn̩, ˈg̊ɑŋg̊ɐ]. Beim langen A-Laut kommen Lautrealisierungen wie [aː ɑː ɑ̞ː ɔː] vor, z. B. in ‹fahren, Haare› [fɑːʁn, ˈhɑːʁə].

O- und U-Laute Die O- und U-Laute werden meist etwas geöffnet und entrundet, bei kurzen O- und U-Lauten tritt Zentralisierung hinzu. Das kurze [ʊ] wird vor R häufig zu [ɔ] gesenkt, z. B. ‹Turm, Wurm, durch› [d̥ɔʁm, vɔʁm, d̥ɔʁç].

E-Laute Das umgangssprachliche kurze offene [ɛ] weicht nicht sehr vom standardsprachlichen, kurzen [ɛ] ab. Das lange geschlossene [eː] wird teilweise zum [ɛː] geöffnet, z. B. in ‹Leben› [ˈlɛːb̥m̩] oder [lɛːm], ‹sehr› [z̥ɛːɐ̯]. Teilweise findet eine Ersetzung des langen offenen [ɛː] durch [eː] statt, z. B. in ‹Gerät› [g̊əˈʁeːd̥] oder [jəˈʁeːd̥] / [çəˈʁeːd̥], ‹Qualität› [ˈg̊vɑliˈd̥eːd̥], wobei diese Erscheinung ja in der Umgangssprache allgemein zu verzeichnen ist.

I-Laute Die I-Laute sind artikulatorisch etwas gesenkt, in der älteren Literatur wird die Senkung von [ɪ] zu [ɛ] angegeben, z. B. in ‹Kirche› [ˈg̊ɛʁçə], die aber heute kaum noch nachweisbar ist. Weiterhin wird das [ɪ] vor R-Laut und [ʃ] zu [ʏ] gerundet, z. B. in ‹hallisch› [ˈhɑlʏʃ], ‹wird› [vʏʁd̥].

Ö- und Ü-Laute Die Ö- und Ü-Laute werden entrundet, wobei zentralisierte und entrundete Varianten zwischen [øː] und [eː], z. B. in ‹König, blöde› [ˈg̊eːnɪç, ˈb̥leːd̥ə], zwischen [œ] und [ɛ], z. B. in ‹Köpfen, Löcher›, [ˈg̊ɛb̥m̩, ˈlɛçɐ], zwischen [yː] und [iː], z. B. in ‹drüben, Bügel› [ˈd̥ʁiːb̥m̩ / ˈd̥ʁiːm, ˈb̥iːçl̩] sowie zwischen [ʏ] und [ɪ], z. B. in ‹Bündel, Brücke› [ˈb̥ɪnd̥l̩, ˈb̥ʁɪg̊ə] auftreten. In Extremfällen werden Wörter wie ‹können› und ‹kennen› als [g̊ɛn] oder ‹Tür› und ‹Tier› als [d̥iːɐ̯] ausgesprochen und können auditiv nicht unterschieden werden. Schönfeld (1964, 593) ist der Auffassung, dass im Hallischen die gerundeten Vorderzungenvokale fehlen. Davon kann nicht gesprochen werden, denn das Auftreten dieser Entrundungen rechnet nach Spangenberg (1998) zu den Markern für die "dialektnahe" Umgangssprache, so dass in standardnäheren Varianten des Hallischen auch gerundete Vorderzungenvokale zu finden sind.

Diphthonge Ebenso findet man in der Umgangssprache von Halle die Monophthongierung der Diphthonge [ao̯] zu [oː] und [ae̯] zu [eː], wenn ein mhd. Diphthong zugrunde liegt. Auch diese Erscheinungen sind in Wörtern wie ‹Baum, laufen, Beine› [b̥oːm, ˈloːfn̩, b̥eːnə]

Anzeichen für den Gebrauch einer eher "dialektnahen" Umgangssprache (bzw. Zeichen starker regionaler Färbung) (Spangenberg 1998). Die Monophthongierung des Diphthongs [aọ] im häufig gebrauchten Wort ‹auch› [ʔoːx] tritt auch in standardnäheren Schichten der Umgangssprache von Halle auf (Spangenberg 1998).

Konsonantische Merkmale

Auch in der Umgangssprache von Halle (vgl. Schönfeld 1964, 392f; Lemmer 1990, 6) – wie im obersächsisch-thüringischen Sprachgebiet allgemein (vgl. Krech et al. 1982, 17; Hirschfeld 1999, 116) – wirkt sich die niedrige Sprechspannung auf die Bildung der Konsonanten (vor allem der Plosive) aus. Bei den Plosiven kommt es zum Zusammenfall der Fortisplosive [p t k] und Lenisplosive [b d g] zu den stimmlosen Lenisplosiven [b̥ d̥ g̊] (binnendeutsche Konsonantenschwächung), z. B. in ‹Puppe› [ˈb̥ʊb̥ə], ‹Treppe› [ˈd̥ʁɛb̥ə], ‹Kurve› [ˈg̊ɔʁvə], ‹Bett› [b̥ɛd̥], ‹Tag› [d̥ɑːx]. Im Anlaut vor [l] und R-Laut wird [b d g] manchmal zu [p t k] fortisiert, z. B. in ‹Blume› [ˈpluːmə], ‹gratulieren› [kʁɑd̥ʊˈliːɐ̯n], ‹glatt› [klɑd̥]. Die Auslautverhärtung ist teilweise abgeschwächt, z. B. in ‹Bad› [b̥ɑːd̥], ‹Kind› [g̊ɪnd].

Anlautendes [g] wird zu [j] oder [ç] frikatisiert,, z. B. in ‹geboren› [jəˈb̥oːɐ̯n] oder [çəˈb̥oːɐ̯n], ‹gekauft› [jəˈg̊aọfd̥] oder [çəˈg̊aọfd̥]. Auslautendes ‹g› ([k]) wird zu [x] nach dunklen Vokalen, z. B. in ‹Tag› [d̥ɑːx], zu [j] oder [ç] nach hellen Vokalen, [l] und R-Laut frikatisiert, z. B. in ‹Markt› [maʁçd̥], ‹Berg› [b̥ɛʁç]. Nach R-Laut, [l] und in intervokalischer Position wird [b] zu [v] bzw. [β] frikatisiert, z. B. in ‹Weiber› [ˈvaẹβɐ̯], ‹Giebel› [ˈg̊iːβl̩] oder [ˈjiːβl̩], ‹Garbe› [ˈg̊aʁβə] oder [ˈjaʁβə].

Die Frikative werden im Anlaut von [z] zu [z̥] mit teilweiser Fortisierung zu [s] entstimmlicht. In der Verbindung ‹st› nach R-Laut wird [s] zu [ʃ], z. B. in ‹erst› [ʔɛʁʃd̥] (vereinzelt bei älteren Personen).

Der Frikativ [ç] wird teilweise zu [ɕ] koronalisiert (meist bei Personen jüngeren oder mittleren Alters).

Die Affrikate [pf] erscheint im Anlaut als [f], z. B. in ‹Pfeffer› [ˈfɛfɐ̯], ‹Pfütze› [ˈfɪdsə]. [pf] wird im In- und Auslaut in dialektnaher Umgangssprache als [p] (meist lenisiert zu [b̥]) gesprochen, z. B. in ‹Tropfen› [ˈd̥ʁɔbm̩], ‹knüpfen› [ˈgnɪbm̩], ‹schimpfen› [ˈʃɪmbm̩].

Im absoluten Silbenanlaut tritt R meist als uvularer Reibelaut [ʁ] auf. Im Silbenanlaut nach Plosiven und Frikativen wechselt die stimmhafte Variante [ʁ] mit der stimmlosen Variante [ʁ̥] oder [χ] in Abhängigkeit vom phonetischen Kontext. Nach Langvokalen treten häufig vokalisierte R-Varianten auf, so dass eine Lautverbindung entsteht, die einem Diphthong gleicht. Weiterhin treten nach langem Vokal oft approximantische Varianten von R (z. B. [ɰ] oder [ʁ̞]) auf, wobei diese bis zur Anlautstellung reduziert werden. Ebenfalls erscheinen eine Reihe von R-Elidierungen nach Langvokal. Nach Kurzvokalen sind häufige vokalisierte R-Varianten sowie Elidierungen von R festzustellen. Kurz- und Langvokale vor R ändern oft ihre Qualität und Quantität (vgl. oben). Das vokalisierte R in unbetonten Vor- und Nachsilben ‹er-, ver-, zer-› sowie ‹-er, -ern› tritt häufig mit einer Färbung des [ɐ] in Richtung [ɔ] auf. In den vorhergehenden Beispielen wurde das zum [ɔ] verlagerte Tiefschwa [ɐ] durchgängig mit [ɐ] gekennzeichnet. In der neueren Literatur wird auch auf den

Aspekt der Pharyngalisierung von R-Varianten als Merkmal des obersächsischen Sprachge-
bietes verwiesen, die auch für die Umgangssprache von Halle zutreffen (Auer et al. 1993;
Barden und Großkopf 1998).

Koartikulatorische Merkmale

Abgesehen von den lautlichen Besonderheiten in der betonten Silbe, die bisher vorran-
gig behandelt wurden, gibt es verschiedene koartikulatorische Merkmale, die außer der
segmentalen Ebene auch die suprasegmentale Ebene betreffen. Die niedrige artikulatorische Sprechspannung in der hallischen Umgangssprache wirkt sich neben der Verringerung der Artikulationsbewegungen auch auf Spannungs- und Dauerverhältnisse sowie auf
Assimilations- und Reduktionserscheinungen in Abhängigkeit von der Akzentuierung (besonders in unbetonter Satzposition) und Wortart (bei Funktionswörtern wie Synsemantika,
Enklitika, Proklitika) aus. Hier wären beispielsweise zu nennen: Reduktion der Schwa-
Silben ‹-en, -em, -el› bis zur Totalassimilation, z. B. in ‹haben› zu [haːb̩m̩] bzw. [ham],
Ausfall von Endkonsonanten [t], z. B. in ‹nicht› [nɪç] bzw. [l] in ‹mal› [mɑː], Reduzierung
von Artikeln und Pronomina, z. B. in ‹er› zu [ɐ̯], ‹sie› zu [z̦ə], ‹ein› zu [n], ‹eine› zu [nə],
Reduktion häufig gebrauchter Wörter, Zusammenzug von Wortgruppen zu "phonetischen
Wörtern" mit dem Wegfall des Neueinsatzes, damit einhergehender Silbenverlust und Verlust von Wortgrenzenmarkierungen, z. B. in ‹habe ich› zu [haβ‿ɪç] bzw. [haɪç], ‹hatten wir›
zu [hɑdmɐ̯] bzw. [hɑmɐ̯]. Die aufgeführten Koartikulations- und Reduktionserscheinungen
lassen sich nicht nur in der Umgangssprache von Halle nachweisen, sondern sind auch allgemein in der phonostilistischen Ebene des Gespräches zu belegen (Meinhold 1973; Rues
1993).

Sonstiges

Für die Umgangssprache von Halle lassen sich neben den segmentalen Merkmalen auch
noch weitere Besonderheiten feststellen. Besondere Marker scheinen Sprechersignale (An-
hängsel, Partikel) zu sein, mit denen der Sprecher prüft, ob das, was er sagt und kommunikativ tut, auch vom Hörer mit Aufmerksamkeit und Verständnis begleitet wird (Schwitalla
1976, 86). Die regionale Verbreitung von Sprechersignalen wird bei Protze (1995, 1997)
wie folgt angegeben: ‹nich(t) wahr, ni (ne) wohr› für die Lausitz, die Sächsische Schweiz
und Mittelsachsen, ‹gelle, gell, gä› für Thüringen, das Vogtland, den Aue-Zwickauer-Raum,
‹wahr, wa› für den Berliner Raum mit Spreewald bis Zerbst-Merseburg und Ortrand. Für
Halle wird ‹nich(t)› belegt, ‹wahr, wa› ist nicht angegeben. Allerdings haben gerade eigene Untersuchungen ergeben, dass das ‹wahr› (häufig als [vɔː] gesprochen) eine wichtige
Markierung für die regionale Zugehörigkeit eines Sprechers zu Halle bedeutet.

10.1.3 Beschreibung einer Stichprobe zur hallischen Umgangssprache

Innerhalb der Umgangssprache von Halle gibt es starke Variationen hinsichtlich der Aus-
prägung regionaler Marker. Zur Vorstellung der Besonderheiten wurde eine stark regio-

nale Stichprobe (Obsthändlerin, ca. 50 Jahre alt) ausgewählt. Die Aufnahme entstand bei einer spontanen Befragung auf dem Marktplatz der Stadt Halle. Daher rühren auch Hintergrundgeräusche (Straßenbahn, Verkaufsgespräche). Durch die Kürze der Probe bedingt können nicht alle aus der Literatur (siehe vorne) bekannten segmentalen (und intonatorischen) Merkmale beschrieben werden (z. B. gibt es keine Belege für die Lautqualitäten von [ø], [œ], [pf]). Es treten aber auch einige phonetische Merkmale auf, die bisher in der Literatur nicht beschrieben wurden, so z. B. die pharyngalisierten Varianten des R-Lautes oder die Interjektionen ‹na› und ‹wahr›. Teilweise werden phonetische Phänomene beschrieben, die nicht nur in der regionalen, sondern auch in der überregionalen Gesprächslautung auftreten. So wird nachfolgend vor allem auf die wichtigsten in der Aufnahme vorkommenden regionalsprachlichen Marker eingegangen:

- Verlagerungen, Entrundungen, Zentralisierung der Vokale
- Monophthongierungen der Diphthonge
- Diphthongierungen von Langvokalen
- Zusammenfall der Plosive [p t k] und [b d g] zu [b̥ d̥ g̊]
- Koronalisierung von [ç] zu [ɕ]
- Frikatisierungen von [g] und [k]
- Pharyngalisierungen von R
- Koartikulatorische Merkmale
- Interjektionen ‹na› und ‹wahr›

Markierungen im Bereich der Vokale und Diphthonge

A-Laute Markant sind für die Umgangssprache von Halle hintere A-Varianten, die zwischen [ɑ] und [ɔ] liegen. Sie erscheinen vor ‹r, ch› und frikatisiertem ‹g›, manchmal auch, wenn ‹r› dem ‹a› vorausgeht, z. B. in ‹machen$_{HA16}$›[1] [mãʁ̥ʁ], ‹mache$_{HA03}$› [mãʁ̥], ‹Markt$_{HA06}$› [ˈmɔ̃ːɪçt], ‹wahr$_{HA10}$› [ˈʊɒ̃ː], ‹Gratulationen$_{HA30}$› [g̊ʁɑd̥ʊlã̍ˈtsjəːnː], ‹Pralinenkasten$_{HA32}$› [b̥ʁɑ̃ˈli̥ːnːkastn̩]. Oft wird die Graphemverbindung ‹-ar-› auch diphthongiert, z. B. in ‹Markt$_{HA06, HA13}$› [mɔ̃ːɪçt, mɔ̃ɔ̃j]. Auch vor anderen Lauten (hier [s]) wird langes A diphthongiert, z. B. in ‹Spaß$_{HA10}$› [ˈʃb̥ɑːɔsː].

E-Laute Bei der Probandin wurde das lange, geschlossene [eː] tendenziell zum [ɛ] hin gesprochen, wobei die Länge des Lautes teils gekürzt wurde, z. B. in ‹eben$_{HA16}$› [ɛ̝m], ‹geehrt$_{HA25}$› [jɪˈɛ̝ʁ̞ˤd̥ˤ], ‹MDR$_{HA29}$› [ɛmd̥ɛ ˈɛ̝ʁ̞ˤ]. Weiterhin wird auch [eː] diphthongiert, z. B. in ‹Fernsehfunk$_{HA26}$› [ˈfɛʁˤnˤzɛ̝ɔ̃fʏˠŋg̊]. Bei Formwörtern und Zahlwörtern wird [eː] gekürzt, qualitativ zum Schwa [ə] verändert und fällt bei extremen Kürzungen und Zusammenziehungen aus, z. B. in ‹neunzehnhundertsechsundzwanzig$_{HA14}$›

---

[1] Die indexikalischen Quellenangaben für die zitierten Angaben beziehen sich auf die Zeilennummerierungen in 15.6.

[nꜰɵnzɐ̯ˤtzɛksn̩ˈtsβandzɪç], ‹auf dem_HA13› [ʌvm̩]. Das kurze offene [ɛ] und das lange, offene [ɛː] wurden ähnlich den Vokalen [ɛ] und [ɛː] der Standardsprache realisiert, z. B. in ‹Fernsehfunk_HA26› [ˈfɛɐ̯ˤnˤzɛ̃ɵfʏˠŋg̊] bzw. tendenziell geschlossener gesprochen, z. B. in ‹neunzehnhundertsechsundzwanzig_HA14› [nꜰɵnzɐ̯ˤtzɛksn̩ˈtsβandzɪç], ‹Scherf_HA28› [ˈʃɛɐ̯ˤːfˤː]. In häufig gebrauchten Wörtern wird [ɛ] zu [ə] zentralisiert, z. B. in ‹machen wir es_HA16› [m̃ã̈ɐ̯ɐ̯ˈmiːɵ̰s] oder fällt aus, z. B. in ‹macht es_HA10› [m̥aꜰts].

Schwa-Laut Der Schwa-Laut [ə] tritt in unbetonter Position auf. Hier wird er wie in der Gesprächslautung in den meisten Fällen reduziert, dabei fallen dann oft die gesamten Schwa-Silben ‹-en› und ‹-em› weg. Bei Ausfall der Silben [ŋən nən mən] wird der vorangehende Nasal [m n ŋ] häufig gelängt, z. B. in ‹Pralinenkasten_HA32› [bʁ̥ɐ̯ˈliːn̩ːkastn̩], ‹Blumenfrau_HA27› [bluːm̩fʁao̞]. In Wortverbindungen wie ‹dusche ich_HA04› [duːʒ ɪʒ̩], ‹gehe ich_HA06› [jɛɪç], ‹mache ich_HA03› [m̃ãʁ̊ɪ̰ç] fällt das auslautende Schwa aus, wenn es auf einen Vokal trifft. Ansonsten kommt das Schwa, abhängig vom Lautkontext natürlich in unterschiedlichen Färbungen und Varianten vor, z. B. in der Vorsilbe ‹ge-› als [ə], z. B. in ‹gekriegt_HA30› [jəkʁɪçtʰ], ‹weitergeführt_HA15› [ˈvaɐ̯dəˤjəfʏːʁ̥ˤtˤ] oder als [ɪ] in ‹gestanden_HA13› [jɪʃdann̩n̩]. Die Variantenanzahl ist noch viel zahlreicher und kann hier nicht bis ins Detail ausgeführt werden. Des Weiteren tritt Schwa [ə] auch zu einem Wort dazu z. B. in ‹dreie_HA02› [d̥ʁaɛ̞ə].

I-Laute Die kurzen und langen I-Laute treten geöffnet und nach hinten verlagert – teilweise auch in der Qualität von [ɪ] – auf, z. B. in ‹ziehe ich_HA05› [tsɪ̰ːʒ], ‹gekriegt_HA30› [jəkʁɪçtʰ]. Auch lange, betonte Silben mit I-Laut werden zuweilen diphthongiert, z. B. in ‹Regine_HA27› [ʁɛˈg̊iːɵnə]. Manchmal wird [ɪ] zu [ʏ] gerundet, z. B. in ‹richtiger_HA20› [ˈʁ̰ʏçɐ̯ˤ].

O-Laute Die O-Laute traten in der untersuchten Stichprobe allgemein entrundet, z. B. in ‹Großeltern_HA12› [ˈɣ̊ʁ̊oːsɛldɐ̯ˤnˤ], zentralisiert, geöffnet und gekürzt, z. B. in ‹schon_HA22› [ʃɵ̃n] oder zentralisiert, z. B. in ‹Gratulationen_HA30› [g̊ʁ̥adu̞lã̈ˈtsjɵːnː] auf. Auch bei den O-Lauten findet man Diphthongierungen, z. B. in ‹Montag_HA23› [ˈmoːɵntaˤʰ].

U-Laute Die langen U-Laute sind teilweise gesenkt, z. B. in ‹dusche_HA04› [duːʒ], vorverlagert, z. B. in ‹Blumenfrau_HA27› [bluːm̩fʁao̞], ‹Gratulationen_HA30› [g̊ʁ̥adu̞lã̈ˈtsjɵːnː], manchmal auch zentralisiert und gekürzt, z. B. in ‹zu_HA08› [tsə]. Hin und wieder treten auch Diphthongierungen auf, wie z. B. bei ‹Mutti_HA15, HA22› [ˈmu̞ɵdi, mu̞ɵt̪ˢi]. Die Mundöffnung kann bei [ʊ] auch dermaßen gering sein, dass der Eindruck eines labiodentalen Konsonanten mit velarer Beteiligung entsteht, z. B. [ɣˣ] in ‹Fernsehfunk_HA26› [ˈfɛɐ̯ˤnˤzɛ̃ɵfʏˠŋg̊].

Ö- und Ü-Laute Ö-Laute waren keine zu verzeichnen. Die kurzen und langen Ü-Laute treten oft entrundet, teilweise auch zentralisiert auf, z. B. in ‹früh_HA01› [ˈfʁyː], ‹Frühstück_HA03› [ˈfʁyːʃdʏ̥k], ‹weitergeführt_HA15› [ˈvaɛ̯dəˤjəfỹːʁ̥ˤtˤ].

Diphthonge Im Interviewausschnitt trat der Diphthong [aɛ̯] vorwiegend in diphthongischer Form auf, wobei der vordere A-Anteil in den meisten Fällen ein helles [a] war, das manchmal etwas erhöht oder nach hinten gelagert vorkam. Der hintere E-Anteil variiert in den Belegwörtern zwischen [e̞], [ɛ] und [ɜ], z. B. in ‹drei_HA02› [ˈdʁaɛ̯], ‹dreie_HA02› [dʁaɛ̯ə], ‹eigentlich_HA10› [ˈa̰ɜnĩ̯j], ‹weiter_HA16› [ˈvaɛtʰē̞ˤ], ‹dabei_HA22› [dɐvaɛ̯]. Es kam eine monophthongische Variante von [aɛ̯] mit einem langen [aː] vor, z. B. in ‹meine_HA15› [maːnə̃].

Der Diphthong [ɔɛ̯] kam in der gesamten Probe nur einmal mit einer stark zentralisierten Variante als [ɜɵ] im Belegwort ‹neunzehnhundertsechsundzwanzig_HA14› [nɜɵnzeˤtzɛksn̩ˈtsβandzɪç] vor.

Der Diphthong [aɔ̯] wurde im vorderen A-Anteil meist mit einem hellen [a] gebildet, der O-Anteil war teilweise vorverlagert, entrundet oder zentralisiert zwischen [o̞] und [ɵ], z. B. in ‹aufgebaut_HA07› [ˈɵfçəbaɵ̯d], ‹verkaufen_HA08› [fʌˤˈkaɔfʁ̩j], ‹Blumenfrau_HA27› [bluːmːfʁaɵ̯]. Die monophthongierten Varianten von [aɔ̯] wiesen einen erheblich größeren Variantenreichtum auf, z. B. [ʌ] in ‹auf dem_HA13› [ʌvm̩], mit entrundetem, geöffneten und vorverlagertem [o] in ‹auch_HA15› [oɣ], mit zurückverlagertem und geknarrtem [ə] in ‹aufgebaut_HA07› [ɵfçəba̰ɵ̯d], mit gesenktem, unsilbischen [ʊ] in ‹auch_HA22› [ˈɜʊ̯].

Markierungen im Bereich der Konsonanten

Plosive In der vorliegenden Stichprobe zur Umgangssprache von Halle sind an erster Stelle einige Auffälligkeiten bezüglich der Plosive zu nennen. Auch in dieser stark umgangssprachlich geprägten Aufnahme sind die Plosive [p t k] und [b d g] stark aneinander angeglichen und werden oft als stimmlose Lenislaute [b̥ d̥ g̊] realisiert. In vielen Fällen fällt es nicht leicht, zu entscheiden, ob z. B. [p] oder [b̥], [t] oder [d̥], [k] oder [g̊] gesprochen wird, so z. B. in den Wörtern ‹Pralinenkasten_HA32› [b̥ʁẵˈliːnːkastn̩], ‹drei_HA02› [ˈdʁaɛ̯].

Nach [ʃ] treten [p] und [t] immer in lenisierter, entstimmlichter Form [b̥] und [d̥] auf, z. B. in ‹Spaß_HA10› [ˈʃb̥ɑːəsː], ‹später_HA08› [ˈʃb̥ɛdɐ̯], ‹Frühstück_HA03› [ˈfʁyːʃdʏ̥k]. Auslautend erschienen die Fortislaute als [p t k], z. B. in ‹Familienbetrieb_HA20› [faˈmi̥ˈljənbətʁi̯ːp], ‹gekriegt_HA30› [jəkʁɪçtʰ], sowie mit abgeschwächter Auslautverhärtung als [b̥ d̥ g̊], z. B. in ‹aufgebaut_HA07› [ˈɵfçəbaɵ̯d], ‹Fernsehfunk_HA26› [ˈfɛɛˤnˤzẽɵ̯fɣˠŋg̊]. Manchmal ist auch keine Verschlusslösung im auslautenden Plosiv zu hören, z. B. in ‹geehrt_HA25› [jɪˈɛɛˤˈd˺]. Koartikulatorisch bedingt kommt es zum Plosivausfall in häufig gebrauchten Wörtern, z. B. in ‹eigentlich_HA10› [ˈa̰ɜnĩ̯j], wobei manchmal die gesamte Silbe ausfällt. An Wortübergängen fallen gelegentlich Plosive am Wortende aus, z. B. in ‹Markt_HA13› [mõɜ̃ə̃j̰], ‹Montag_HA23› [ˈmoːənta̰ʰ].

Ein wesentliches Merkmal der Umgangssprache von Halle trat auch bei dieser Probandin sehr häufig in Erscheinung, nämlich die Frikatisierung der Laute [g] und [k]. Silbenanlautend wurde [g] vor R und vor Vokal frikativ realisiert, z. B. in ‹Großeltern_HA12› [ˈɣʁoːsɛldɐˤnˤ], ‹gehe ich_HA06› [jeɪç]. In der Vorsilbe ‹ge-› traten ebenfalls frikative Laute für [g] auf, z. B. [j] in ‹geehrt_HA25› [jɪˈɛɐˤdˤ], [j] in ‹gekriegt_HA30› [jəkʁɪçtʰ], [ɕ] in ‹aufgebaut_HA07› [ˈɘfɕəbaɐ̯d]. [k] wurde im gedeckten Auslaut in den Beispielen ‹Markt_HA06› [ˈmõːɪçt] und ‹gekriegt_HA30› [jəkʁɪçtʰ] als [ç] bzw. [ɕ] gesprochen.

Ich-Laut, Ach-Laut In verschiedenen Fällen wurde der Frikativlaut [ç] koronalisiert als stimmloses [ɕ], z. B. in ‹mache ich_HA03› [mãʁ̃ɪ̃ɕ], ‹richtiger_HA20› [ˈʁʏɕɐˤ], als stimmhaftes [ʑ] in ‹ich_HA04› [ɪʑ] realisiert, andere Fälle belegen auch [j] und [ʝ].

Der velare Frikativlaut [x] wurde teilweise als stimmhafter Frikativ [ɣ], z. B. in ‹auch_HA15› [oɣ], mit uvularer Beteiligung als [ʁ] in ‹macht es_HA10› [m̩ɑʁts], als nasaliertes [ʁ̃] in ‹mache ich_HA03› [mãʁ̃ɪ̃ɕ] gesprochen.

R-Laute Der R-Laut wird in der hallischen Umgangssprache im absoluten Wort- oder Silbenanlaut bzw. im Wort- oder Silbenanlaut nach Konsonant als [ʁ] oder [ʁ̥] gesprochen, z. B. [ʁ] in ‹Regine_HA27› [ˈʁeˈg̊iːənə], ‹Gratulationen_HA30› [g̊ʁadu̯lãˤtsjəːnˤ], ‹Pralinenkasten_HA32› [b̥ʁ̥ã́ˈliːnːkastn̩], ‹früh_HA01› [ˈfʁyː], ‹Frühstück_HA03› [ˈfʁyːʃd̥ʏk̟], z. B. [ʁ̥] in ‹gekriegt_HA30› [jəkʁ̥ɪçtʰ], ‹drei_HA02› [ˈd̥ʁaɛ], ‹Blumenfrau_HA27› [b̥luːmːfʁaɐ̯].

Manchmal hört man auch einen uvularen Approximanten [ʁ], z. B. in ‹richtiger_HA20› [ˈʁʏɕɐˤ], ‹früh(er)_HA12› [fʁʏ̈ˤ]. Nach Vokal (Kurz- und Langvokal) wird R häufig vokalisiert und es entsteht ein Diphthong, z. B. in ‹Markt_HA06, HA13› [ˈmõːɪçt, mõɔ̃j]. Der Tiefschwa [ɐ], der auch als [ɐ] nach hinten verlagert sein kann, und als R-Vokalisierung auftritt, erscheint oftmals mit einer pharyngalen Beteiligung und erhält dadurch seinen dunklen und halsigen Klang. Diese pharyngalisierten R-Varianten (gekennzeichnet mit [ˤ]) lassen sich in dieser Aufnahme in vielen Fällen bei vokalisiertem R nach Kurz- und Langvokalen, z. B. in ‹geehrt_HA25› [jɪˈɛɐˤdˤ], ‹Fernsehfunk_HA26› [ˈfɛɐˤnˤzẽ̥ɔfɣˠŋ̊g̊], ‹Scherf_HA28› [ˈʃɛɐˤfˤː], ‹MDR_HA29› [ɛmde̥ˈɛɐˤ] und auch bei orthografischer Endung ‹-er›, z. B. in ‹verkaufen_HA08› [fʌˤˈkaɔfɪ̃ŋ], ‹Großeltern_HA12› [ˈɣʁoːsɛldɐˤnˤ], ‹neunzehnhundertsechsundzwanzig_HA14› [nɜənzɐˤtsɛksn̩ˈtsβandzɪç], ‹weiter_HA16› [ˈu̯aɛtʰɐ̃ˤ], ‹weitergeführt_HA15› [ˈu̯aɛd̥ɐˤjəfʏːʁ̥ɐ̥ˤtˤ], ‹richtiger_HA20› [ˈʁʏɕɐˤ] nachweisen.

Koartikulatorische Merkmale

Die für die Umgangssprache von Halle angegebenen koartikulatorischen Merkmale treten natürlich auch in dieser Sprechprobe auf. Ein Teil der benannten Eigenschaften wurde bereits beim Schwa-Laut [ə] und dessen Beschreibung für die Umgangssprache von Halle aufgeführt. Weiterhin erscheinen bei Zusammenziehungen und phonetischen Wörtern Auffälligkeiten hinsichtlich der Stimmhaftigkeit sonst stimmloser Konsonanten, z. B. wird der

Wegfall einer Wortgrenze neben dem Ausfall des Neueinsatzes [ʔ] auch durch den Wegfall von auslautendem ‹-e› sowie durch die Übertragung der Stimmhaftigkeit der umgebenden Vokale und Nasale auf stimmlose Konsonanten gekennzeichnet. In verschiedenen Fällen werden stimmlose Frikative stimmhaft gebildet, z. B. in ‹dusche ich mich ab$_{HA04}$› [duːʒ ɪʐ mɪj ˈab] wird [ʃ] zu [ʒ], [ç] zu [ʑ], [ç] zu [j], in ‹mache ich$_{HA03}$› [mãʁĩç] wird [x] zu [ʁ], in ‹ziehe ich mich an$_{HA05}$› [tsiːʑ mɪj ˈan] wird [ç] zu [ʑ], [ç] zu [j]. Des Weiteren lassen sich auch einige Extremverkürzungen von Wörtern aufzeigen, z. B. in ‹richtiger$_{HA20}$› [ˈʁʏçɐˤ], ‹neunzehnhundertsechsundzwanzig$_{HA14}$› [nɘɵnzɐˤtzɛksn̩ˈtsβandzɪç], wobei mindestens eine, aber auch mehrere Silben ausfallen können.

Sonstiges

Die für die Umgangssprache von Halle regionaltypischen Interjektionen sind in der hier untersuchten Aufnahme ebenfalls zu finden. Die Interjektion ‹wahr$_{HA10}$› [ʋɐ̃ː] wird hier mit der Funktion einer Versicherungsfrage gebraucht, um sich der konvergenten Einstellung des Gesprächspartners zur Sprechermeinung zu versichern. Die Interjektion ‹na$_{HA10}$› [nɒ] wird als Aufmunterung oder Satzeinleitung gebraucht, wie sie auch in anderen Regionen typisch ist. [na]$_{HA34}$ wird nochmals als Hörerbestätigung – hier in einer regionaltypischen Form verwendet, die etwa ‹ja› bedeutet und mit dem obersächsischen ‹nu› [nʊ] zu vergleichen ist. Alle drei Interjektionen werden mit steigender Melodie gestaltet und sprechen damit für die Funktion Hörerkontakt und Offenheit im Gesprächsverlauf.

Abschließend lässt sich feststellen, dass die hier vorgestellte Sprachprobe eine große Anzahl regionaltypischer Sprachcharakteristika – vor allem auf der lautlichen Ebene – aufweist, obwohl hier natürlich nur exemplarisch einige wesentliche Merkmale aufgeführt und belegt werden konnten.

Literaturempfehlungen zum Hallischen

Lemmer, M. (1998). *Forr Ischen und Scheekser. Gedichte und Prosa in hallescher Mundart*. Halle.

Schönfeld, H. (1964). Abriß einer Lautlehre der Mundart von Halle (Saale). *Wissenschaftliche Zeitschrift der Martin-Luther-Universität Halle-Wittenberg. Gesellschafts- und Sprachwissenschaftliche Reihe* XIII (8), 585–602.

Spangenberg, K. (1998). *Die Umgangssprache im Freistaat Thüringen und im Südwesten des Landes Sachsen-Anhalt*. Rudolstadt, Jena.

10.2 Umgangssprache von Dresden (Obersächsisch)

10.2.1 Sprachgeografischer Hintergrund

Dresden liegt im ostmitteldeutschen Raum und ist Hauptstadt des Freistaates Sachsen. Es wird aus dialektologischer Sicht zum Meißnischen gerechnet und gehört zusammen mit dem Osterländischen (Raum um Leipzig) zum Obersächsischen im engeren Sinne. Im Bundesland Sachsen gibt es darüber hinaus Gebiete mit lausitzischer, erzgebirgischer, nordbairischer, vogtländischer und niederdeutscher Regionalprägung. Bei Bergmann und Becker (1969, 229) findet sich eine sehr detaillierte Binnengliederung der ursprünglichen Differenzierungen (1969, 229). Die eigentliche obersächsische Umgangssprache spricht man in dem Gebiet, das in etwa durch die Städte Dresden, Leipzig und Chemnitz begrenzt wird (vgl. Bergmann 1992, 8).

10.2.2 Merkmale der obersächsischen Umgangssprache

Besondere Entwicklungsbedingungen

Das Gebiet des heutigen Sachsens war ursprünglich slawisches Gebiet und wurde erst vom 11.–13. Jahrhundert deutsch besiedelt. Wie Frings (1936, 14ff.) ausführlich dargestellt hat, ist anzunehmen, dass die so genannte Ostkolonisation in drei Siedlungsbahnen verlief, bei der die Siedler ihre ober-, mittel- und niederdeutschen Dialekte einbrachten. Durch Interferenzen dieser Dialekte mit slawischen Elementen bildete sich eine Vielfalt von obersächsischen Siedlungsmundarten heraus (Bergmann und Becker 1969, 30; Lerchner 1997, 13ff.), in denen neben Mischformen auch sprachliches Substrat der ursprünglichen Siedler bis in die heutige Zeit erhalten blieb.

Zugleich entwickelte sich in den Städten, also auch in Dresden, eine frühe regionale Ausgleichssprache im Sinne einer Verkehrs- und Umgangssprache (Frings 1936, 14ff.), die mindestens seit dem 17. Jahrhundert existierte (Bergmann und Becker 1969, 145ff.). Sie expandierte durch ihr damals hohes Prestige über die Städte hinaus in angrenzende Sprachräume und führte zu einer Überdachung der Siedeldialekte. Gleichzeitig breitete sie sich großräumig bis nach Ostthüringen aus (vgl. Schönfeld und Pape 1981).

Umfangreiche Beschreibungen der sprachlichen Merkmale dieser überregionalen Umgangssprache sind bereits vor der Mitte des 20. Jahrhunderts entstanden und wurden vor allem von Bergmann und Becker (1969) und Mihm (1998) zusammengefasst und vielfach zitiert.

Wesentliche segmentale Merkmale nach Bergmann und Becker (1969, 142ff.) bzw. zitiert nach Mihm (1998, 2118) sind:

- Entrundung der Umlaute ‹ö, ü› und des Diphthongs ‹eu› (‹schön› [ʃeːn] ‹früh› [fʀiː] ‹neun›[nɑin̯])

- Monophthongierung von mhd. ‹ei› zu [eː] (‹Kleid› [g̊leːd̥] und mhd. ‹ou› zu [oː] ‹Baum› [b̥oːm])[2]

- Vokalsenkung vor ‹r› (‹Beere› [b̥ɛːʁə], ‹hören› [hɛːʁə])

- Verdumpfung der A-Laute (‹fragen›[fʀɔxn̩] ‹Spaten›[ʃb̥oːdn̩])

---

[2]Beispiele stammen aus Mihm (1998) und Bergmann und Becker (1969). Die Transkriptionen wurden ans IPA angepasst.

- Diphthongierung der O-Laute (‹oben› [oʊ̯m̩] ‹so› [z̥oʊ̯])

- Keine Lenis-Fortis-Unterscheidungen bei den Plosiven bzw. Zusammenfall der beiden Plosivreihen zu stimmlosen Lenes als Folge der binnendeutschen Konsonantenschwächung, wodurch es im Anlaut und Inlaut zu Homophonien kommt (‹packen, backen› [b̥ɔgn̩], ‹Töne, ich dehne› [d̥eːnə], ‹kriechen, Griechen› [g̊ʁiːçn̩], ‹leiten, leiden› [lae̯dn̩]).

- Intervokalisch werden ‹g› und ‹b› frikativ realisiert (‹Flügel› [fliːçl̩] ‹Vogel›[foːxl̩] ‹lebendig› [lə'vɛːnd̥ç]).

- Realisierung der Affrikate ‹pf› als [p/b] im In- und Auslaut und als [f] im Anlaut entsprechend der ostmitteldeutschen Regel (‹Strumpf› [ʃd̥ʁʊmb̥] ‹Apfel› [ɑbl̩] ‹Pfund› [fʊnd̥]).

- Stimmlose Aussprache von anlautendem ‹j› und ‹s› (‹jetzt› [çɛts] ‹sagen› [zɔːxn̩]).

- S-Palatalisierung zwischen ‹r› und ‹t› (‹erst› [æʁʃd] ‹Durst›[d̥ʊʁʃd̥]).

- Typische kleine Kennwörter : z. B. (‹ein›[ɛ] ‹wir› [mɔr] ‹eine› [ɛnə] ‹meine› [mae̯], ‹gleich›[g̊lae̯] ‹nicht› [nɪʃd]) bzw. [nɪ] in Dresden.

Völlig beseitigt sind nach Bergmann und Becker (1969, 143) andere primäre Merkmale der obersächsischen Mundarten, wie die Hebung und Senkung der E-Laute im Vergleich zum Standard (‹Schnee› [ʃniː], ‹Wetter› [vad̥ɐ], die Hebung der O-Laute ‹Brot› [b̥ʁud̥], der R-Ausfall ‹unser› [unz̥ə] und die sog. Gutturalisierung, eine Rückverlagerung der Artikulationsstelle (‹hinter› [hɪŋɐ]).

Neuere Untersuchungen und Sprachwandeltendenzen

Neuere Beschreibungen regionaler Aussprache im obersächsischen Raum stellen ein Forschungsdesiderat fest (vgl. Dingeldein 1997, 113). Für den segmentalen Bereich sind lediglich die kontaktlinguistische Untersuchung von Auer, Barden und Großkopf (1993), die Arbeit von Wallner-Zimmer (1999) zur standardnahen Regionalsprache und die kontrastive Untersuchung von Iivonen (1996) zur Realisierung der Vokale der ostmitteldeutschen Umgangssprache im Vergleich zur Varietät des Wienerischen zu nennen.

Berücksichtigt man diese neueren Untersuchungen (vgl. auch die Zusammenfassung bei Hirschfeld 1999) müssen folgende Merkmale und Besonderheiten der obersächsischen Umgangssprache ergänzt bzw. modifiziert werden:

- Häufig auftretende Zwischen- und Ersatzformen bei den Frikativen [ç] und [ʃ] (‹technisch› ['d̥ɛçnɪç]).

  Auer weist auf die tendenziell alveo-palatalisierten bzw. koronalisierten Ich-Laute vor allem nach Vordervokalen und nach ‹r› hin (‹ sich› [zɪɕ] bzw. ‹durch› [d̥uːʁʃ]) (Auer, Barden und Großkopf 1993, 82). Hirschfeld erwähnt, dass die nicht normgerechte Aussprache des Ich-Lautes im Raum Dresden besonders ausgeprägt sein soll

(1999, 117). Bergmann verweist demgegenüber auf entsprechende Formen vor allem im Leipziger und Chemnitzer Raum (Bergmann 1992, 9).

- Tendenz zu besonderen Reduktionen der auslautenden R-Laute bis hin zu uvularen bzw. pharyngalen Approximanten (Auer, Barden und Großkopf 1993, 82f.).

- Zentralisierungstendenz des gesamten Vokalsystems mit Ausnahme der E-Laute (Auer, Barden und Großkopf 1993, 83; Hirschfeld 1999, 116; Iivonen 1996, 229ff.).

- Generelle Öffnungstendenzen bei den E-Lauten (vgl. Hirschfeld 1999, 116). Hinweise auf besonders offene bzw. diphthongierte E-Laute als besonderes Erkennungsmerkmal des Meißnischen bzw. der Dresdner Stadtsprache finden sich mehrfach in der Literatur (vgl. Albrecht 1881, 4; Grosse 1955, 37; Protze 1957, 131).

Besonders markant geprägt wird die Stadtsprache von Dresden darüber hinaus durch Totalassimilationen und Kontraktionen (‹ich weiß nicht› [ˈve̝ːsʃnɪ], ‹habe ich› [ˈhabʃ], ‹sächsisch›[ˈzæg̊sʃ], ‹haben wir sie› [ˈhɑmззə]). Auffallend sind weiterhin eine Schwa-Epenthese nach reduzierten Endsilben (‹haben› [ˈhaːbmə], ‹hatten› [ˈhadnə], ‹trinken› [ˈdʁɪŋknə]) und die häufige Realisation des Negationspartikels ‹nicht› als [nɪ] bzw. [nʊ] für ‹ja› (Grosse 1955, 36; Bergmann und Becker 1969, 144; Bergmann 1992, 9).

10.2.3 Beschreibung einer Stichprobe zur Sächsischen Umgangssprache

Die hier vorgestellte Aufnahme ist einem Interview entnommen, das 2002 anlässlich des Hochwassers in Dresden-Laubegast geführt und vom Sender Dresden ausgestrahlt wurde. Der Interviewte ist ein etwa 50 Jahre alter Mann mit deutlich ausgeprägter regionaler Umgangssprache. Er ist persönlich von der Naturkatastrophe betroffen. Seine Sprechweise wirkt emotional, aber sehr natürlich und von der Mikrofonsituation wenig beeinflusst. In der Sprechprobe antwortet er auf die Frage: „Wie sah denn das eigentlich vorher hier aus?"Da es sich nur um einen kurzen Ausschnitt mit ausgewählten Feintranskriptionen handelt, können nicht alle vorn aufgeführten sprachlichen Merkmale belegt werden.

Die Aufnahme weist folgende Charakteristika auf:

- Tendenz zu zentralisierten Vokalen

- Tendenz zur Verringerung der Zungenhebung bei E- und O-Lauten

- Tendenz zu diphthongischen Langvokalen bei ‹o›, ‹e› und ‹ö›

- Monophthongische Realisationen von ‹au› und ‹ei›

- Pharyngalisierte Realisierung des vokalisierten ‹r›

- Entrundungstendenzen bei ‹u›, ‹ü›

- Verschiedene Realisationen des A-Lautes

- Tendenz zur pharyngalisierten Realisation von Lauten bzw. zu laryngalisierten Vokalrealisationen

- Lenisierte und approximantisch realisierte Plosive
- Auffälligkeiten im Bereich der Sibilianten
- Frikativisch realisierte Plosive zwischen Vokalen
- Sonstiges

Markierungen im Bereich der Vokale

1. Tendenz zu zentralisierten Vokalen

Im Beispiel fällt zunächst bei beiden U-Lauten auf, dass sie als eher obermittelhohe zentrale Vokale mit geringerer Rundung umgesetzt werden. (‹Flutgraben$_{SÄ01}$›[3] [flɐd̥ˈɢʁɑɑbm̩], ‹muss ich$_{SÄ16}$› [mɵz̥ʒ̊]). In gleicher Weise markant zeigen sich die I-Laute vor ‹sch›, die obermittelhoch und zentral umgesetzt werden (‹bedrohlich$_{SÄ05}$› [bətʁʒəlɔʒ], ‹eigentlich$_{SÄ09}$› [ɛɪɡn̩d̥ˡəʃ]). Aber auch bei den A-Lauten (‹das$_{SÄ02}$› [d̥ɘs], ‹notevakuiert$_{SÄ04}$› [nɜɵdævɐɣɣɪɣˤt]) und bei den O-Lauten (‹also$_{SÄ02}$› [a̠zə]) treten zentrale Realisierungen auf.

2. Tendenz zur Verringerung der Zungenhebung bei E- und O-Lauten

Beide E-Laute werden im Vergleich zur Standardaussprache mit verringerter Zungenhebung, allerdings ohne zusätzliche Zentralisierung gebildet (‹Meter$_{SÄ03}$› [mɘd̥ʌˤ], ‹Gelegenheit$_{SÄ16}$› [ɡələːɡn̩ɦ̥aɐd̥], ‹jetzigen$_{SÄ07}$› [jætsɪʒn̩], ‹Elbe$_{SÄ09}$› [ælβə], ‹notevakuiert$_{SÄ04}$› [nɜɵdævɐɣɣɪɣˤt]). Varianten der O-Laute mit verringerter Zungenhebung kommen besonders vor ‹r› vor (‹worden$_{SÄ04}$› [vɔˤdn̩ˤ], ‹verloren$_{SÄ06}$› [fʊˤlˤɔ̥ˤn̩ˤ], ‹Sportplatz$_{SÄ12}$› [ʃˤbˤɔ̥ˤd̚blɑ̣d̥s]).

3. Tendenz zu diphthongischen Langvokalen

Die O-Laute scheinen zentraler und mit gering steigender Zungenlage gebildet zu werden, so dass ein diphthongischer Eindruck entsteht (‹notevakuiert$_{SÄ04}$› [nɜɵdævɐɣɣɪɣˤt], ‹bedrohlich$_{SÄ05}$› [bətʁʒəlɔʒ], ‹Not$_{SÄ14}$› [nɜɵt]). Ein diphthongischer E-Laut findet sich in ‹steht jetzt$_{SÄ02}$› [ʃd̥ĕɵdïs]. Deutlich zu hören ist auch die diphthongische Realisation des langen Ö-Lautes (‹Getöse$_{SÄ11}$› [ɡədœ̆ɵzə]).

4. Monophthongische Realisationen von ‹au› und ‹ei›

Der Diphthong ‹ei› wird teilweise monophthongisch realisiert und zwar in Richtung eines zentralisierten kurzen halboffenen Vokals (‹eine$_{SÄ08}$› [ɜnɛ]) oder als gesenktes langes [e] (‹einzige$_{SÄ13}$› [ẹːtsʃə]). Im Suffix ‹-heit› und bei ‹drei$_{SÄ03}$› [d̥ʁaɛ] wird er allerdings auch

---

[3]Die indexikalischen Quellenangaben für die zitierten Angaben beziehen sich auf die Zeilennummerierungen in 15.7.

als Diphthong mit offenem zweiten Bestandteil gesprochen. Ein Beispiel für monophthongisches ‹au› findet sich in ‹auch noch$_{SÄ14}$› [ɔ̈nɔ]. Es lassen sich aber auch diphthongische Varianten beobachten (‹auch gerade$_{SÄ10}$› [ɐ̯u̯ʁɔ̯ɐ̯də]).

5. Realisation des vokalisierten ‹r› im Affix ‹er›

Vermutlich durch eine Rückverlagerung der Zungenwurzel und pharyngale Verengung entsteht eine u.a. für Dresden typische Lautrealisation der End- bzw. Vorsilbe ‹er› anstelle des im Standard üblichen Tiefschwa. Es treten überwiegend pharyngalisierte Varianten auf, die als Basis einen halbgeschlossenen hinteren Vokal (‹Wasser$_{SÄ02}$› [wɒˤzˤɤˤ]) oder einen halboffenen hinteren Vokal aufweisen (‹Meter$_{SÄ03}$› [meˌdʌˤ], ‹wieder$_{SÄ16}$› [vḭdʌˤ]). In der Vorsilbe ‹ver-› kommt es im Beispiel zu einer Rückverlagerung in Richtung kurzes [ʊ], gekoppelt mit einer Pharyngalisierung (‹verloren$_{SÄ06}$› [fʊˤlˤo̰ˤnˤ]).

6. Entrundungstendenzen bei ‹u›, ‹ü›

Partielle Entrundungen kommen im Beispiel vor allem bei ‹u› (‹Flut$_{SÄ01}$› [flo̞d̚]) vor. Eine vollständige Entrundung lässt sich in (‹müssen sie sich$_{SÄ17}$› [mɪzzɪʒ̊]) zeigen.

7. Verschiedene Realisationen des A-Lautes

Im Analysebeispiel lassen sich sowohl standardnahe A-Laute finden, als auch A-Laute, die gegenüber dem Standard weiter hinten bzw. mit Zungenhebung gebildet werden (‹Flutgraben$_{SÄ01}$› [flo̞d̚ɢ̊ʁɢɑb̥m̩], ‹Wasser$_{SÄ02}$› [wɒˤzˤɤˤ] oder ‹sage$_{SÄ15}$› [sʌ̰ə̯]). Bei der Realisierung des ‹a› in ‹Flutgraben› fällt weiterhin auf, dass es zu einer diphthongähnlichen Gleitbewegung kommt. Auch bei ‹(ge)rade$_{SÄ10}$› [ʁɔ̯ɐ̯də] findet man eine diphthongische Realisation.

8. Generelle Tendenz zur pharyngalisierten Realisation von Lauten bzw. zu laryngalisierten Vokalrealisationen

Bei einer Reihe von Vokalen aber auch über ganze Wörter hinweg lassen sich Rückverlagerungs- und Verengungstendenzen feststellen. Am häufigsten ist der Silbenauslaut betroffen und außerdem, wie bereits dargestellt, das Affix ‹er›. Aber auch in anderen Silbenpositionen werden Vokale mit dieser Sekundärartikulation realisiert. Die folgenden Beispiele zeigen die Häufung dieses Phänomens und das bevorzugte Auftreten in Verbindung mit O-Lauten (‹verloren$_{SÄ06}$› [fʊˤlˤo̰ˤnˤ], ‹Sportplatz$_{SÄ12}$› [ʃˤb̥ˤo̰ˤd̚b̥la̰d̥s], ‹worden$_{SÄ04}$› [vo̰ˤdn̩ˤ]). Andererseits treten laryngalisierte Vokale vor allem im Silbenanlaut auf (‹Elbe$_{SÄ09}$› [æ̰lβə], ‹also$_{SÄ02}$› [a̰zə]).

Markierungen im Bereich der Konsonanten

1. Approximantische und Lenis-Realisation der Plosive

Sehr auffällig sind vor allem Lenisvarianten von Plosiven (‹Flut$_{SÄ01}$› [flo̦d̥˺], ‹steht jetzt$_{SÄ02}$› [ʃd̥ḛ̃ə̯d̥ïs], ‹Meter$_{SÄ03}$› [mḛd̥ʌˤ], ‹Getöse$_{SÄ11}$› [ɡə̯dœ̜ə̯zə], ‹Sportplatz$_{SÄ12}$› [ʃˤb̥ˤo̥ˤd̥b̥lad̥s]). Die Lenisvarianten werden in der Regel entstimmt (‹Flutgraben$_{SÄ01}$› [flo̦d̥˺ɢ̥ʁɑɑb̥m̩]). Selten wird anstelle eines Lenisplosivs ein Fortislaut gesprochen (‹bedrohlich$_{SÄ05}$› [b̥ə̯tʁ̥ɜ̯ə̯lɔʒ]). Einige Plosive werden frikativisch bzw. approximantisch umgesetzt (‹notevakuiert$_{SÄ04}$› [nɜ̯ə̯dæve̞ɣ̥ʏ̞ɣ̞ʏ̞ˤt], ‹Elbe$_{SÄ09}$› [ælβə], ‹hatte ich$_{SÄ14}$› [ɦaɾɪʒ], ‹das$_{SÄ02}$› [d̥ɜs], ‹Meter$_{SÄ03}$› [mḛd̥ʌˤ], ‹wieder$_{SÄ16}$› [vi̯d̥ʌˤ]) bzw. völlig elidiert (‹sage$_{SÄ15}$› [sʌə̯], ‹auch gerade$_{SÄ10}$› [ə̯ʉʁɜ̯ə̯d̥ə]).

2. Abweichende Realisierungen von [ç/ʃ] und [s/z]

Die alveolaren und palatalen Frikative werden abweichend von der standardsprachlichen Norm realisiert. Anstelle eines Ich-Lautes wird eine postalveolare [ʃ]-ähnliche Form produziert, allerdings mit verringerter Rundung (‹eigentlich$_{SÄ09}$› [eɪɡ̊ŋd̥ˡə̯ʃ]). Bei anderen Dresdnern hört man eine weniger markante Form, die zwischen [ç̃] und [ʃ] liegt. In unserem Beispiel fallen außerdem die häufigen stimmhaften Realisationen der Ich-Laute (‹ich$_{SÄ14}$› [ɪʒ], ‹sich$_{SÄ17}$›[zɪʒ], ‹bedrohlich$_{SÄ05}$› [b̥ə̯tʁ̥ɜ̯ə̯lɔʒ], ‹jetzigen$_{SÄ07}$› [jætsɪʒn̩]) und der S-Laute auf (‹müssen sich sich$_{SÄ17}$› [mɪzzɪʒ], ‹muss ich$_{SÄ16}$› [mḛz̥ʒ̊], ‹Wasser$_{SÄ02}$› [wɒˤz̥ˤɣˤ]).

3. Tendenz zu pharyngalisierten R-Lauten

Die R-Laute werden häufig als entstimmte uvulare Frikative gebildet (‹drei$_{SÄ03}$› [dʁ̥aɛ], ‹bedrohlich$_{SÄ05}$› [b̥ə̯tʁ̥ɜ̯ə̯lɔʒ]) bzw. sie entfallen (‹worden$_{SÄ04}$› [v̥ɔˤdn̩ˤ], ‹verloren$_{SÄ06}$› [fʊˤlˤoˤnˤ], ‹Sports$_{SÄ12}$› [ʃˤb̥ˤo̥ˤd̥˺]) und werden nur durch eine Pharyngalisierung der Nachbarlaute angedeutet. Nach Vokal können gegenüber der Norm angehobene Reduktionsvarianten wie z.B. in ‹hier$_{SÄ06}$› [ɦiɐ̯ˤ]) oder wie in ‹der$_{SÄ14}$› [dɣˤ] anstelle des [ɐ] realisiert werden, wobei es ebenfalls häufig zu einer zusätzlichen Pharyngalisierung kommt.

4. Frikativisch realisierte Plosive zwischen Vokalen

Zwischen Vokalen werden Plosive in einigen Fällen zu Frikativen. Das lässt sich für ‹jetzigen$_{SÄ07}$› [jætsɪʒn̩] und ‹einzige$_{SÄ13}$› [eːtsʃə] des Analysebeispiels zeigen, wobei es in beiden Fällen zu postalveolaren Ersatzlauten kommt.

Sonstiges

Es treten Assimilationen und Reduktionen auf, die über die überregionale standardsprachliche Gesprächslautung hinausgehen. So lassen sich gehäuft Totalassimilationen und Kontraktionen mehrerer Lexeme zu einem Cluster feststellen (‹muss ich$_{SÄ16}$› [mḛz̥ʒ̊], ‹macht sie es ja auch gerade$_{SÄ10}$› [maχtsəsɔɐ̯ɐ̯u̯ʁɔɐ̯də], ‹hatte ich auch noch$_{SÄ14}$› [ɦaɾɪʒ̊ɔ̈nɔ], ‹sind wir hier$_{SÄ06}$› [sɪmʒfiɐ̯ˤ]). Es wird häufig kein Neueinsatz verwendet (‹Gelegenheit ist$_{SÄ16}$› [gəlɛːgɳ̊fiaɐ̯dɪs], ‹hatte ich$_{SÄ14}$› [ɦaɾɪʒ]). Die für die Dresdner Stadtsprache als Kennzeichen geltenden Partikel ‹ni› und ‹nu› sind im Analyseausschnitt nicht vorhanden, können aber im Gesamtinterview nachgewiesen werden.

💿 Übung und Tonbeispiele 11.7

Literaturempfehlungen zum Sächsischen

Bergmann, G. (1990). Upper Saxon. In C. V. Russ (Hrsg.), *The dialects of Modern German. A Linguistic Survey*, pp. 290–312. London.

Bergmann, G. und H. Becker (1969). *Sächsische Mundartenkunde. Entstehung, Geschichte und Lautstand der Mundarten des obersächsischen Gebietes*. Halle. Neu bearbeitet u. herausgegeben von Gunter Bergmann.

Hirschfeld, U. (1999). Phonetische Merkmale des Sächsischen und das Fach Deutsch als Fremdsprache. In B. Skibitzki und B. Wotjak (Hrsg.), *Linguistik und Deutsch als Fremdsprache. Festschrift für Gerhard Helbig zum 70. Geburtstag*, pp. 109–120. Tübingen.

10.3 Schwäbische Umgangssprache

10.3.1 Sprachgeografischer Hintergrund

Stuttgart liegt im südwestdeutschen Raum und ist die Hauptstadt von Baden-Württemberg. Dialektologisch gehört es zum Zentralschwäbischen und damit zu den oberdeutschen Dialekten innerhalb des schwäbisch-alemannischen Dialektverbandes, zu dem neben dem Schwäbischen auch das Nieder-, Hoch- und Höchstalemannische zählen. Schwäbisch wird außerdem im westlichen Teil Bayerns gesprochen. Als Grenzlinie gegen das Niederalemannische kann der Schwarzwald angesehen werden und gegenüber dem Bairischen der Lech. Heute wird mit der Bezeichnung Schwäbisch keinesfalls ein homogenes Phänomen gemeint. Neben regional gefärbter standardnaher Sprache findet man eine relativ stark gefärbte Umgangssprache, aber auch kleinregionale Ausprägungen, die in der Nähe der ursprünglich gesprochenen Dialekte liegen. Eine vereinfachte Darstellung der unterscheidbaren großregionalen Sprachräume findet sich beispielsweise in Ammon und Loewer (1977).

10.3.2 Merkmale der schwäbischen Umgangssprache

Zur phonetisch-phonologischen Beschreibung der einzelnen schwäbischen Regionen liegt eine Vielzahl von Veröffentlichungen vor. Im Folgenden wird zunächst auf die zusammenfassende Darstellung von Mihm (1998) Bezug genommen. Für den segmentalen Bereich nennt Mihm folgende Merkmale der schwäbischen Umgangssprache (Mihm 1998, 2121)[4]:

- S-Palatalisierung von ‹sp/st› im In- und Auslaut, häufig kombiniert mit T-Tilgung (‹machst› [maxʃ], ‹wirst› [vɪʁʃ], ‹bist› [biʃ])
- Lenisiert realisierte Plosive im In- und Auslaut
- Stimmloser S-Laut
- Tilgung von ‹ch, n› im Auslaut (‹ich› [i],‹eben› [ɛ:bə])
- Senkung von mhd. [ë] in offener Silbe (‹Fehler› [fɛ:lɐ], ‹lesen› [lɛ:sə])
- Hebung der kurzen untermittelhohen Vokale in geschlossener Silbe (‹besser› [besɑ], ‹Lok› [lok])
- Nasalierung von Vokalen (‹ganz›[gãnts])
- Differenzierung der Diphthonge (‹heiß› [hɑis], ‹laufen› [lɔufə], ‹Zeit› [tsəit], ‹saufen› [səufə])
- Reduktion der Vokale in Affixen und unbetonten Silben (‹heute› [hɔit], ‹Gemüse› [gmy:s], ‹gewesen› [gvɛ:sə]

Speziell für das Stuttgarter Zentralschwäbisch werden folgende Erscheinungen besonders erwähnt:

- Entrundung der Umlaute (‹Nüsse› [nɪs], ‹Röcke› [ʁek], ‹Häuser› [həisə])
- A-Verdumpfung (‹Mann› [mɔ:], ‹Jahr› [jɔ:ʁ])
- Senkung der oberen Kurzvokale vor Nasal (‹finden› [fendə], ‹gebunden›[bondə])
- Beibehalten mhd. Diphthonge (‹lieb› [li:əb], ‹gut› [gu:ət], ‹müssen› [mi:əsə]), vor Nasalen aber verändert (‹Riemen› [ʁẽ:mə]).

Für die Umgangssprache von Stuttgart liegen darüber hinaus detaillierte Analysen von Frey (1975) und Hiller (1995) vor. Folgende Besonderheiten und Differenzierungen sollen ergänzt werden[5]:

- Kurze Vokale (mit Ausnahme von [ɛ] und [a]) werden im Gegensatz zum Standard gespannt realisiert, wenn nicht in derselben Silbe ein ‹r› folgt (‹fest› [feʃʷt], ‹still› [ʃʷtil], ‹Schluss› [ʃʷlus], ‹Holz› [holts], ‹Rost/Eisen› [ʁo̥ʃʷt], ‹Grillrost› [ʁo:ʃʷt] **aber** ‹Horror› [ˈhɔʁʷoˑʕ]) (Hiller 1995, 34).

  Gleichzeitig wird auf die Tendenz zur Zentralisierung der kurzen Vokale hingewiesen (Frey 1975, 37). Besonders häufig zentral realisiert sind nach Hiller (1995, 34) die kurzen I-Laute (‹Hirn› [hə̥ʕn], ‹irren› [ˈʔə̥ʁ̥ʒ]).

---

[4]Die Beispiele wurden in der Transkription von Mihm belassen
[5]Die Transkriptionen wurden unverändert von Frey bzw. Hiller übernommen.

- Die A-Laute weisen eine starke Differenzierung auf. Es existiert ein Kontrast zwischen ungerundetem hinterem Vokal [ɑː] und gerundetem hinterem Vokal [ɒː] (‹Rad› [ʁɑːt], ‹Rat›[ʁɒːt]) (Hiller 1995, 37). Es kommen nach Hiller aber auch weiter vorn gebildete A-Laute vor (‹kalt› [kʰa̟lt]). Vor Nasalen treten veränderte A-Varianten auf. Frey geht bei den langen A-Lauten (z.B. ‹ahnen›) von O-Färbungen aus, für die er das Transkriptionszeichen [ʌː] vorschlägt und bei den kurzen A-Lauten vor Nasal (z. B. ‹Amme›) nimmt er das Allophon [ɐ] an. Auch Hiller geht von einem Schwa-ähnlichen Allophon [ɐ̟] vor Nasalen aus (‹Schrank› [ʃʷʁɐ̟ŋk]), wobei er zusätzlich eine vorverlagerte Zungenwurzel annimmt.

- Große Bedeutung hat der [e]-[ɛ]-Kontrast (vgl. Ruoff 1992, 30f; Hiller 1995, 37) (‹fest, hart› [feʃʷt], ‹Fest, Fete› [fɛʃʷt], ‹Stelle› [ʃtel], ‹Ställe› [ʃtɛl]). Auch der Schwa-Laut weist eine Variation zur Standardnorm auf. Er wird in der Regel als ein halboffener ungerundeter Zentralvokal [ɜ] realisiert (‹Karren› [ˈkaʁɜ], ‹schnurret› [ˈʃnʊʁɜt] ‹sie wählen› [ˈveːlɜt], ‹Brötchen› [ˈveklɜ]). Das Tiefschwa wird entweder getilgt oder als [ʌ] gesprochen und pharyngalisiert (‹immer› [ˈemʌʕ]) (Frey 1975, 38).

- Ausführlich dargestellt werden die variationsreichen Diphthonge. Bei Frey werden neun Diphthongvarianten aufgeführt: [iə], [eə], [uə], [əi], [ae], [əu], [ao], [ui] und [ɔə], wie in ‹üben› [iəbə], ‹zehn› [dseə], ‹zu› [dsuə], ‹neu› [nəi], ‹hinein› [ˈnae], ‹Bauern› [bəurə], ‹genau› [gɳao], ‹Scheuer› [ʃuirə], ‹kleine› [glɔənə]. Hiller geht demgegenüber von zehn Diphthongen aus (acht fallend; zwei steigend) und schlägt engere Transkriptionen vor. Er unterscheidet die standardnahen Diphthonge [aə̆], [ɔɪ] und [ao̞] (‹Verein› [fʃʁaə̆], ‹Eier› [ˈɔɪʕ]), die zentralisierenden Diphthonge [ii̯], [eə̆], [ɛə̆], [o̞ʏ̆] und [uʏ̆] (vgl. ‹nie› [nii̯], ‹zehn› [tseə̆], ‹gewesen› [kvɛə̆]). Die zentralisierenden Diphthonge gleiten vom entsprechenden peripheren Vokal in Richtung des mittelhohen Zentralvokals [ə]. Außerdem nimmt Hiller zwei steigenden Diphthonge [ɐ̯i] und [ʌu] an (‹drei› [tʁɐ̯i], ‹voraus› [fɔˈʁʌus]).

- Ergänzungen bei den Konsonanten sind vor allem bei den R-Lauten erforderlich. Frey beschreibt verschiedene R-Varianten: velare und uvulare Frikative [ɣ/ʁ] (‹erben› [ɛɣbə], ‹raten› [ʁɔːdə]). Außerdem nimmt er (Frey 1975, 16) pharyngale Frikative [ʕ] vor Vokalen und nicht dental-alveolaren Lauten an und und beschreibt eine starke Veränderung des ‹r› in der Silbenkoda oder vor dental-alveolaren Konsonanten (vgl. ‹für› [fiːʕ] und ‹Erde› [ˈɛʕde]). In einigen Fällen geht er davon aus, dass das R lediglich durch eine Pharyngalisierung der Nachbarlaute angedeutet wird. Hiller weist zusätzlich auf approximantische R-Varianten [ʁ̞] hin (vgl. ‹Karren› [ˈkaʁ̞ɜ]) und nimmt auch im Silbenreim einen friktionslosen Approximanten [ʕ] an vgl. (‹Horror› [ˈhɔʁ̞ʷoˑʕ]) (Hiller 1995, 35).

10.3.3 Beschreibung einer Stichprobe zur Stuttgarter Umgangssprache

Die Audio-Aufnahme des Hochschullehrers Karl Bohneberger (51 Jahre) aus Stuttgart stellte uns dankenswerterweise Herr Dr. Ruoff zu Analysezwecken zur Verfügung. Sie stammt aus seinem 1983 veröffentlichten Korpus. Es handelt sich bei der Sprechprobe um eine regional geprägte dialektnahe Umgangssprache, die Ruoff als Umgangssprache im privaten Bereich einstuft. Der Sprecher erzählt über seine Kindheit in Stuttgart. Da es sich nur um einen kurzen Ausschnitt mit ausgewählten Feintranskriptionen handelt, können nicht alle vorn aufgeführten sprachlichen Merkmale belegt werden.

Die Aufnahme weist folgende Charakteristika auf:

- Gehäufte Apokopen und Synkopen
- Besonderheiten bei den S-Lauten, insbesondere palatalisierte S-Laute
- Markante R-Laute
- Veränderte Realisation der Plosive
- Veränderte Realisierungen im Bereich der E-Laute
- Veränderte Diphthongrealisationen
- Nasalierte Vokale
- Gespannte Realisierung der kurzen Vokale
- Veränderte Realisierung weiterer Vokale
- Sonstiges

Apokopen und Synkopen

Typisch für die Sprechprobe sind elidierte Lautsegmente. Es kommen Apokopen von ‹e›, ‹n›, ‹ch› und ‹t› vor, wie die folgenden Beispiele zeigen (‹ist$_{SW11}$›[6] [ɪʒ], ‹gewesen$_{SW13}$› [g̊vɛːsõ̃], ‹auch$_{SW02}$› [ʔaə̯], ‹aufgewachsen$_{SW02}$› [o̯ufg̊ʿɣaksə], ‹leiden$_{SW07}$› [lˤɑɪə] ‹Sprache$_{SW08}$› [ʃpʁɔx], ‹habe$_{SW08}$› [hab̥], ‹heute$_{SW11}$› [fiɜid̥̚]). Der Wegfall des auslautenden ‹n› tritt fast ausnahmslos auf, aber auch die anderen Elisionen sind markant. Wenn der Sprecher kurzeitig in eine standardnahe Realisierung wechselt, etwa bei ‹die ich suche, absolut nicht vom Munde will – also ich bin in meiner Kindheit› vermeidet er den Endsilbenabfall. Auch Synkopen kommen gehäuft vor (‹gesagt$_{SW10}$› [ksakt], ‹gehabt habe$_{SW08}$› [kʰap̚t hab̥], ‹aufgewachsen$_{SW02}$› [o̯ufg̊ʿɣaksə], ‹gewesen$_{SW13}$› [g̊vɛːsõ̃]).

S-Laute

Ein gleichfalls auffälliges konsonantisches Merkmal des transkribierten Ausschnittes sind die fast durchgängig palatalisierten S-Laute vor ‹t› im In- und Auslaut (‹und das ist heute$_{SW11}$› [ŭndɛɪʒfiɜid̥], ‹Post$_{SW15}$› [bo̥ʃd̥], ‹Dienst$_{SW16}$› [d̥ɪn̩ʃt̩]). Interessanterweise gibt es dabei auch stimmhafte Varianten (‹ist$_{SW17}$› [ɪ̄ʒ]). Während im Wortanlaut stimmlose S-Laute typisch sind (‹Sohn$_{SW04}$› [sːõ̃ː]), kommen auslautend auch stimmhafte S-Laute vor (‹aus$_{SW05}$› [ʒʊ̯z], ‹ganz$_{SW13}$› [g̊ẽ̃nz]).

---

[6]Die indexikalischen Quellenangaben für die zitierten Angaben beziehen sich auf die Zeilennummerierungen in 15.8.

Differenzierung bei den R-Lauten

Die Aufnahme zeigt eine große Anzahl von Varianten der R-Laute. Es kommen entstimmte uvulare Frikative (‹Sprache$_{SW08}$› [ʃpʁ̥ɔx]) oder approximantisch realisierte Frikativvarianten vor (‹Lehrer$_{SW04}$› [lˁëːʁ̞ɐˁ]). Besonders markant sind die R-Laute in der Silbenauslautposition. Am auffälligsten ist die Realisation eines uvularen Vibranten, der zudem noch pharyngalisiert wird (‹Vater$_{SW03}$› [faːtəˁʀ̥ˁ]) anstelle des im Standard vorhandenen vokalisierten R-Lautes. Auch in ‹mir$_{SW11}$› [mi̞ɐ̯ʁ̥] findet sich ein konsonantischer Auslaut in Form eines entstimmten uvularen Frikativs. Wenn das Suffix ‹-er› als Tiefschwa realisiert ist, wird meist zusätzlich eine Pharyngalisierung hörbar (‹ Beamter$_{SW15}$› [b̥ɔ̰a̰mdɐˁ]), ‹Lehrer$_{SW04}$› [lˁëːʁ̞ɐˁ]). Diese Varianten stimmen mit den Beobachtungen von Frey und Hiller überein. Allerdings wird im Analysebeispiel in einer Reihe von Fällen lediglich ein Schwa bzw. ein gehobenes Schwa im Auslaut hörbar (‹Mutter$_{SW05}$› [mutə], ‹wieder$_{SW09}$› [v̥i̞d̞ə], ‹Bobser$_{SW14}$› [b̥ob̥sə]). Auch im Wortinnern kann das ‹r› getilgt und durch ein gehobenes Schwa ersetzt werden (‹durch$_{SW06}$› [dʊəç̟]).

Veränderte Realisation der Plosive

Lenisiert realisierte Plosive kommen vor allem im Auslaut vor (‹Zeit$_{SW06}$› [tsɜɪ̯d̚], ‹habe$_{SW08}$› [hab̥], ‹und das$_{SW11}$› [ʊ̰̃ndɛz], ‹Post$_{SW15}$› [b̥oʃd̥̚], ‹Nachtdienst$_{SW16}$› [na̠χdĩ̞nʃt̞], ‹Tag$_{SW17}$› [d̥aːˑg]), seltener im Wortanlaut (‹Tag$_{SW17}$› [d̥aːˑg]) oder im Wortinnern (‹Postbeamter$_{SW15}$› [b̥oʃd̥̚b̥ɔ̰a̰mdɐˁ]). Im Wortauslaut sind mehrfach ungelöste Plosive festzustellen. Es kommen aber auch Elisionen (‹Stuttgart$_{SW01}$› [ʃtuɡ̊ɐ̯atˁʰ], ‹ist$_{SW17}$› [ĩʒ]) und approximantische Realisierungen vor (‹leiden$_{SW07}$› [l̥ˁɑɪɹə], ‹wieder$_{SW09}$› [v̥i̞d̞ə], ‹Dienst$_{SW16}$› [dĩ̞nʃt̞]).

In synkopischer Position kommt es dagegen häufig zu fortisierten Lauten (‹gesagt$_{SW10}$› [ksakt], wobei auch eine deutliche Aspiration auftreten kann (‹gehabt$_{SW08}$› [kʰap̚t]).

Intervokalisch kann der ungespannte velare Plosiv auch frikativisch realisiert werden (‹Jugendzeit$_{SW06}$› [juːɣŋ̍ˈtsɜɪ̯d̚]).

Differenzierungen bei den E-Lauten

Der für das Schwäbische als typisch angenommene offene E-Laut kann mehrfach nachgewiesen werden ‹Ausweg$_{SW12}$› [ʌu̯sv̥ɛːk], ‹gewesen$_{SW13}$› [ɡ̊vɛːsə̃]). Als eine besondere Variante tritt ein zentralisierter langer E-Laut auf (‹Lehrerssohn$_{SW04}$› [lˁëːʁ̞ɐˁsːõː]).

Neben standardgemäßem Schwa (‹aufgewachsen$_{SW02}$› [o̞u̞fɡ̊ˈv̥aksə̰]) kommt häufig ein gehobener Murmelvokal vor (‹ leiden$_{SW07}$› [l̥ˁɑɪɹə] , ‹wieder$_{SW09}$› [v̥i̞d̞ə], ‹gewesen$_{SW13}$› [ɡ̊vɛːsə̃]).

Veränderte Diphthongrealisationen

Die bei Frey (1975) und Hiller (1995) beschriebene Vielfalt von Diphthongvarianten kann in dem kurzen Ausschnitt nicht gezeigt werden. Allerdings fallen auch in der untersuchten Aufnahme veränderte Diphthonge auf, deren Beschreibung und Transkription sich als kompliziert erweist. Das ‹au› kann als Kombination aus einem hinteren ‹a› und einem unsilbischen Schwa bestehen (‹auch da$_{SW02}$› [ʔaə̯dɑˑ]) oder als Kombination von gesenktem [o] und [u] realisiert werden (‹aufgewachsen$_{SW02}$› [o̝u̯fg̊ˑʋaksə̯]). Im Vergleich zum Standarddiphthong wird besonders der erste Vokal angehoben und gerundet.

Auch die Kombination von gehobenem Mittelzungenvokal in Richtung [ɛ] in Verbindung mit kurzem unsilbischen [ʊ] (‹aus$_{SW05}$› [ɜ̯ʊ̯z]) und die folgende Realisierung mit halboffenem hinteren [ʌ] und unsilbischem [u] (‹Auswegform$_{SW12}$› [ʌu̯sʋɛːkfɔʁm]) treten auf.

Beim ‹ei› sind bei den transkribierten Beispielen zwei Varianten festzustellen: zum einen eine Kombination aus zentralem kurzem [ɜ] und kurzem unsilbischen [ɪ] (‹Zeit$_{SW06}$› [tsɜɪ̯d̥]), zum anderen eine Kombination aus hinterem [ɑ] und kurzem [ɪ] (‹leiden$_{SW07}$› [lˤɑɪ̯ə]).

Für ‹eu› steht nur ein Wortbeispiel zur Verfügung, in dem es als Kombination von zentralem [ɜ] und einem unsilbischen [i] realisiert wird (‹heute$_{SW11}$› [fɜɪ̯d̥]).

Nasalierte Vokale

Nasalierte Vokale kommen mehrfach vor (‹Lehrerssohn$_{SW04}$› [lˤẽːʁɐˤsːõː], ‹und$_{SW11}$› [ʊ̃n], ‹Dienst$_{SW16}$› [d̥ĩn̥ʃt]).

Gespannte Kurzvokale

Gespannte Kurzvokale treten vor allem bei den O- und U-Lauten auf (‹Post$_{SW15}$› [b̥oʃd̥], ‹Bobser$_{SW14}$› [b̥obsə], ebenso bei ‹Mutter$_{SW05}$› [mutə], ‹Stuttgart$_{SW01}$› [ʃtug̊ʁatˤʰ]), wenn ihnen kein uvularer Frikativ (z. B. in ‹Form$_{SW12}$› [fɔʁm]) folgt. Das entspricht den Beschreibungen von Frey und Hiller. Außerdem werden mehrfach die langen I-Laute durch gespannte Kurzvokale ersetzt (‹wieder$_{SW09}$› [v̥idə] , ‹mir$_{SW11}$› [miʁ̥ʁ], ‹Dienst$_{SW16}$› [d̥ĩn̥ʃt]).

Veränderte Realisation weiterer Vokale

Die A-Laute sind im Beispiel weniger stark verändert als es bei Frey oder Hiller erwähnt wird. Es kommen mehr oder weniger weit rückverlagerte A-Laute als auch gerundete O-ähnliche Varianten vor (‹Nachtdienst$_{SW16}$› [naχd̥ĩn̥ʃt], ‹das$_{SW02}$› [dɑˑ], ‹Sprache$_{SW08}$› [ʃpʁ̥ɔx]). Das ‹a› kann aber auch vorn gebildet und angehoben werden (‹das$_{SW11}$› [dɛz]).

In nasaler Umgebung finden sich als Mittelzungenvokal realisierte Varianten (‹ganz$_{SW13}$› [g̊ẽnz]). Vielfach werden die A-Laute allerdings auch wie im Standard realisiert (‹aufgewachsen$_{SW02}$› [o̝u̯fg̊ˑʋaksə̯], ‹Vater$_{SW03}$› [faːtəˤʁ̥ˤ]). Bei dem Wort ‹Tag› ist eine längere Realisation feststellbar (‹Tag$_{SW17}$› [d̥aːˑg]). Übergreifend sind im Vergleich zum Standard veränderte Vokalquantitäten, die für die meisten Umgangssprachen typisch sind, feststellbar (‹Sprache$_{SW08}$› [ʃpʁ̥ɔx], ‹gehabt habe$_{SW08}$› [kʰapˤt hab̥], ‹gesagt$_{SW10}$› [ksakt], ‹Dienst$_{SW16}$› [d̥ĩn̥ʃt]).

Sonstiges

Neben den bereits erwähnten Pharyngalisierungstendenzen bei den R-Lauten können auch in anderen Umgebungen gehäuft pharyngalisierte Lautbildungen festgestellt werden (‹Stuttgart$_{SW01}$› [ʃtu… ^{ʕ}], ‹Vater$_{SW03}$› [faːtə ^{ʕ} ʀ ^{ʕ}]), ‹leiden$_{SW07}$› [l ^{ʕ} aɪɪə], ‹Lehrer$_{SW04}$› [l ^{ʕ} ëːʁɐ ^{ʕ}]). Gleichzeitig treten gehäuft laryngale Verengungen im vokalischen Silbenan- und -auslaut auf (‹aufgewachsen$_{SW02}$› [ɔufg̊ˈɣaksə], ‹aus$_{SW05}$› [ɜʊz], ‹Beamter$_{SW15}$› [b̥əamdɐ ^{ʕ}]).

Beim Ich-Laut wird eine Zwischenform realisiert (‹durch$_{SW06}$› [dʊəç]).

⊚ Übung und Tonbeispiele 11.8

Literaturempfehlungen

Frey, E. (1975). *Stuttgarter Schwäbisch*. Marburg.

Hiller, M. (1995). Regressive Pharyngalisierung im Stuttgarter Schwäbischen als C-V-Interaktion. *Linguistische Berichte 155*, 33–64.

Ruoff, A. (1983). *Mundarten in Baden-Württemberg. Tonkassette mit Beiheft*. Stuttgart.

Teil V

Übungen zur engen Transkription

11 Nachrichten, standard- und umgangssprachliche Gespräche

11.1 Gespräch Schuhkauf

GS01	C:	ich habe also ein Paar Schuhe gesehen also die sind
GS02		vielleicht ein bisschen ähnlich wie deine
GS03		aber die gibts in zwei em zwei Höhen
GS04		einmal so als flachen Schuh und einmal ein bisschen
GS05		höher die gibt's in olivgrün rot und schwarz
GS06		und ich find alle drei Farben schön *lachen*
GS07		im letzter Instanz bleibt man bei schwarz
GS08	D:	na ich neige ja immer eher zu solchen festen stabileren
GS09		Formen bei denen war ich mir erst nicht so sicher aber
GS10		ach naja zur Hose sehen sie ganz schön aus

11.2 Gespräch Urlaub

GU01	A:	also mir ist das irgendwie aufgefallen dass viele
GU02		im Bekanntenkreis jetzt wieder zunehmend so in den
GU03		in den Osten fahren also auch übern Sommer und dann
GU04		einfach noch mal so eine Woche irgendwie im Frühjahr
GU05		oder über Weihnachten em so mal in den Süden fliegen
GU06		wenn es hier nicht so schön ist und das habe ich
GU07		ja dieses Jahr auch gemacht und e habe gemerkt
GU08		dieses Jahr dass das eigentlich wirklich total schön und
GU09		auch entspannend ist so im Sommer da nicht so weit wegfahren
GU10		und em ja einfach so in so einer Gegend zu sein wo auch
GU11		touristisch nicht so viel los ist das war angenehm
GU12	B:	hm
GU13	A:	und dann war das eine richtig deutsche Enklave also es
GU14		waren sehr viele Urlauber aus den alten Bundesländern dort
GU15		das hat mich echt erstaunt wirklich
GU16	B:	hm C: hm
GU17	A:	also die entdecken das jetzt für sich ganz anders

GU18 B: hm
GU19 A: so oder oder neu oder die nutzen das ganz intensiv
GU20   dort hätte ich nicht gedacht
GU21 B: also ich kenne auch einige die jetzt aus den alten
GU22   Bundesländern gern nach Mecklenburg fahren
GU23   in Urlaub und und das also vor allem Familien
GU24   mit Kindern ne vielleicht sind es auch
GU25   Preisgründe aber die dann so richtig feste Quartiere
GU26   haben in die die immer wieder kommen jedes Jahr
GU27   und da entwickeln sich richtig Freundschaften die
GU28   planen dann schon zusammen Urlaub und so m
GU29 B: ja ja das war da auch so e können wir schon
GU30   für nächstes Jahr buchen das war mir völlig
GU31   fremd ja das man gleich so fürs nächste Jahr wieder
GU32   bucht e kann ich mir gar nicht so festlegen
GU33 A: hm ich glaube eben das das wäre mir also jetzt
GU34   im Moment würde ich sagen ein bisschen
GU35   beängstigend das Gefühl dann immer nur unter
GU36   Deutschen zu sein im Ausland ich weiß nicht
GU37   finde es eigentlich spannend wenn man woanders ist

11.3 Nachrichten: Sprecher D. K. Mäurer

NM01   Dresden
NM02   In Sachsen sind keine belasteten Eier und Fleischwaren
NM03   gefunden worden. Experten haben bei Untersuchungen auf die
NM04   krebserregende Substanz PCB keine Überschreitung der
NM05   zulässigen Grenzwerte festgestellt. Die
NM06   Lebensmittelüberwachungsbehörden hatten die Proben
NM07   vorsorglich genommen, weil in einer Reihe von sächsischen
NM08   Landwirtschaftsbetrieben wahrscheinlich PCB-belastetes Futter
NM09   gefüttert worden war. Die Verunreinigung stammte nach
NM10   Angaben des Sächsischen Landwirtschaftsministeriums
NM11   vermutlich aus verschmutztem Pflanzenöl.
NM12   Karlsruhe
NM13   RTL ist mit dem Versuch gescheitert, ein Gerät zum
NM14   Ausblenden von Fernsehwerbung verbieten zu lassen. Der
NM15   Bundesgerichtshof hat die Klage des Privatsenders
NM16   zurückgewiesen. Mit dem Urteil ging ein rund fünfjähriger

NM17	Rechtsstreit um das Gerät zu Ende. Der Apparat
NM18	blendet Werbespots automatisch aus oder
NM19	schaltet auf einen werbefreien Kanal um.
NM20	RTL befürchtet, dass mit der Neuentwicklung die
NM21	Werbeeinnahmen von Privatsendern gefährdet sind.
NM22	Berlin
NM23	Fast zwei Millionen Patienten müssen schon
NM24	nichts mehr zuzahlen. Nach einer Umfrage der
NM25	Bildzeitung bei den gesetzlichen Krankenkassen
NM26	haben 1,83 Millionen
NM27	Menschen inzwischen die Ausgabengrenze
NM28	erreicht, bis zu der man zu Medikamenten,
NM29	Arztbesuchen oder Krankenhausaufenthalten
NM30	zuzahlen muss. Sie liegt bei zwei Prozent des
NM31	Brutto-Jahreseinkommens, bei chronisch
NM32	Kranken bei ein Prozent. Die Regelung im Rahmen der
NM33	Gesundheitsreform ist seit einem halben Jahr
NM34	in Kraft.

11.4 Nachrichten: Sprecher G. Töpfer

NT01	Halle
NT02	Aus dem Gefängnis 'Roter Ochse' ist ein Häftling
NT03	ausgebrochen. Nach Angaben des Justizministeriums zersägte
NT04	der Vierundzwanzigjährige die Gitterstäbe seiner Zelle und seilte
NT05	sich ab. Mit zwei Leitern habe er die Gefängnismauer
NT06	überwunden. Dabei soll er Hilfe von außen gehabt haben. Der
NT07	Mann saß seit Dezember wegen Raubes in Untersuchungshaft.
NT08	Im Mai war er zu einer Freiheitsstrafe von mehr als drei Jahren
NT09	verurteilt worden.
NT10	Braunschweig
NT11	Der Deutsche Elternverein hat die Forderung nach einem
NT12	Kindergarten-Pflichtjahr unterstützt. Die Vorsitzende Mundlos
NT13	sagte, gleich zu Beginn sollten die sprachlichen Fähigkeiten der
NT14	Kinder überprüft werden. Dann sei eine gezielte Förderung
NT15	möglich. Die Kosten dafür dürften aber nicht allein den
NT16	Eltern aufgebürdet werden, betonte der Verein.
NT17	Washington
NT18	Die US-Regierung will Häftlinge in Guantanamo künftig anders

NT19   behandeln. Ein Regierungssprecher sagte, die Haftregeln
NT20   würden den Vorgaben des obersten Gerichtshofes angepasst.
NT21   Die Richter hatten gestern klargestellt, dass die etwa
NT22   sechshundert Gefangenen gegen ihre Inhaftierung klagen dürfen.
NT23   Menschenrechtler sprachen von einem Sieg der Gerechtigkeit.
NT24   Experten erwarten nun eine Klagewelle. Eine Gruppe von
NT25   Anwälten kündigte an, schon in den nächsten Wochen gegen die
NT26   Inhaftierung ihrer Klienten vorzugehen.

11.5 Gespräch D. K. Mäurer mit G. Töpfer

GJ01 M: weiterer Vorteil find' ich ist dass die Straßenbahn
GJ02 T:
GJ03 M: rund um die Uhr fährt   hm hm
GJ04 T: tut sie das
GJ05 M: mm fährt rund um
GJ06 T: ehrlich Straßenbahn
GJ07 M: die Uhr
GJ08 T: (eh n) na wieder
GJ09 M:
GJ10 T: was dazu gelernt nach so vielen Jahren *lachen*
GJ11 M: und es ist nicht normal in das ist in anderen Städten nicht so
GJ12 T:
GJ13 M: mh hn abgesehen von den
GJ14 T: das ist nicht so
GJ15 M: Häusern in der Innenstadt das Damenviertel ist ja
GJ16 T:
GJ17 M: fantastisch die Leute sind herzlich
GJ18 T:
GJ19 M:
GJ20 T: also ich muss sagen Jena ist irgendwie eine großartige
GJ21 M: hmm
GJ22 T: Stadt weil   im Vergleich zu
GJ23 M:
GJ24 T: Halle oder so sind in Jena einfach mal
GJ25 M:
GJ26 T: tausend Studenten Tausende
GJ27 M:
GJ28 T: Studenten nur Studenten und äh

GJ29 M:

GJ30 T: jeden Abend ist irgendwo eine Party das find ich

GJ31 M:

GJ32 T: ja zum Beispiel klasse guck dir

GJ33 M: und wenn Semesterferien

GJ34 T: mal Halle an   wann ist in Halle

GJ35 M:

GJ36 T: wann ist denn in Halle mal bitte schön einmal einmal

GJ37 M: mm

GJ38 T: im Jahr ist da mal 'ne Studentenparty und in Jena

GJ39 M: Das stimmt

GJ40 T: kannst du irgendwie jeden Abend schön weggehen

GJ41 M: und   mm

GJ42 T: die ganze Stadt ist eigentlich nur 'ne Uni

11.6 Interview Hallisch

HA01 SS: ich stehe früh

HA02   um drei halb dreie auf

HA03   na dann mache ich Frühstück

HA04   dann dusche ich mich ab

HA05   und dann ziehe ich mich an

HA06   dann gehe ich hier auf den Markt

HA07   dann wird aufgebaut der Stand

HA08   na ja und dann fangen wir nachher später an zu verkaufen

HA09 UW: und sicherlich ist auch anstrengend die Arbeit

HA10 SS: na eigentlich macht es uns Spaß wahr

HA11 UW: und wie sind sie dazu gekommen

HA12 SS: na ja meine Großeltern hatten schon früh(er)

HA13   auf dem Markt gestanden

HA14   neunzehnhundertsechsundzwanzig

HA15   und meine Mutti hat das dann auch weitergeführt

HA16   und jetzt machen wir es eben weiter

HA17 UW: ja

HA18 SS: hmhm

HA19 UW: und ist ein richtiger Familienbetrieb

HA20 SS: richtiger Familienbetrieb ja

HA21 UW: ihre Mutter ist ja auch schon lange dabei

HA22 SS: die Mutti ist auch schon lange dabei
HA23   die war am am (ff) Mo- am Montag fünfundsiebzig
HA24 UW: ach so
HA25 SS: und ist mächtig geehrt worden
HA26   vom Fernsehfunk
HA27   von der Blumenfrau Regine
HA28   und von der Frau Scherf
HA29   hier vom MDR
HA30   und hat auch viele Gratulationen gekriegt
HA31   und viele Blumen
HA32   und Pralinenkasten und so
HA33 UW: hmhm
HA34 SS: na

11.7 Interview Sächsisch

SÄ01   hier ist eine große Wiesenfläche und der Flutgraben verläuft
SÄ02   hier in circa 2–3 Metern Tiefe also das Wasser steht jetzt hier
SÄ03   fast drei Meter hoch und wir sind gestern Abend
SÄ04   notevakuiert worden
SÄ05   weil das Wasser im Haus bedrohlich
SÄ06   anstieg und meine Frau die Nerven verloren hatte sind wir hier über den
SÄ07   bei Nacht über den jetzigen Fluss geschippert worden
SÄ08   was sonst eine herrliche Grünwiese ist
SÄ09   was eigentlich das von der Elbe wo das Wasser
SÄ10   abfangen soll jetze in dem Moment macht sie das auch gerade aber es ist
               natürlich
SÄ11   mit einem Rauschen und Getöse bei uns in die Treppenhäuser eingedrungen
SÄ12   gestern dann plötzlich noch als der Sportplatz fast zwei Meter
SÄ13   dann unter Wasser stand es war eine einzige Katastrophe für meine Frau
               hat dann die Nerven verloren
SÄ14   sind wir raus und jetzt hatte ich auch noch in der Not den Gashahn
SÄ15   vergessen zuzudrehen den Haupthahn ich sage wenn
SÄ16   eine Gelegenheit ist [muss ich] wieder hin und eventuell helfen
SÄ17   und man kann ja bloß helfen noch das müssen sie sich mal bildlich vorstel-
               len

11.8 Interview Schwäbisch

SW01	ich bin geboren in Stuttgart
SW02	auch da aufgewachsen
SW03	mein Vater stammt aus Ulbach und Fellbach
SW04	er war Lehrerssohn
SW05	meine Mutter stammt aus Ulm
SW06	und ich hab meine ganze Jugendzeit durch
SW07	immer darunter leiden müssen dass ich eine
SW08	Ulmer Form in meiner Sprache gehabt habe das war nämlich gvest
SW09	immer hat es wieder geheißen
SW10	ach jetzt hat er wieder gvest gesagt
SW11	und das ist heute noch so dass mir
SW12	que oder gveser oder irgend eine Auswegform
SW13	die ich suche, absolut nicht vom Munde will also ich bin in meiner Kindheit ganz in Stuttgart gewesen habe mich viel in der Umgebung herumgetrieben
SW14	bin in der Bobser Gegend aufgewachsen hab auch bei Spaziergängen mit
SW15	meinem Vater der als Postbeamter
SW16	viel Nachtdienst gehabt hat und nun auch
SW17	bei Tag eben spazierengegangen ist und seine Kinder mitgenommen hat auch die Fluren und Wälder um Stuttgart herum kennengelernt hat

Teil VI

Lösungen

12 Lösungen der Übungen zu Laut-Buchstabe-Beziehungen

Vokale

Monophthonge

[a]	‹a›	Kamm	[kam]
[aː]	‹a, aa, ah›	baden, Staat, Kahn	[ˈbaːdn̩ ʃtaːt kaːn]
[iː]	‹i, ih, ie, ieh›	Igel, ihn, Biene, Vieh	[ˈʔiːgl̩ ʔiːn ˈbiːnə fiː]
[ɪ]	‹i›	Kinn	[kɪn]
[ʊ]	‹u›	stumm	[ʃtʊm]
[uː]	‹u, uh›	Bude, Buhne	[ˈbuːdə ˈbuːnə]
[ɛ]	‹e, ä›	wenn, hält	[vɛn hɛlt]
[eː]	‹e, ee, eh›	wen, Beet, Lehne	[veːn beːt ˈleːnə]
[ɛː]	‹ä, äh›	Bären, zäh	[ˈbɛːʁən tsɛː]
[ə]	‹e›	Weite	[ˈvae̯tə]
[ɐ]	‹r , -er›	Tür, weiter	[tyːɐ̯ ˈvae̯tɐ]
[ɔ]	‹o›	komm	[kɔm]
[oː]	‹o, oo, oh›	Mond, Boot, Wohl	[moːnt boːt voːl]
[ʏ]	‹ü›	bücken	[ˈbʏkŋ̍]
[yː]	‹ü, üh›	Übel, kühn	[ˈʔyːbl̩ kyːn]
[œ]	‹ö›	können	[ˈkœnən]
[øː]	‹ö, öh›	Öfen, Höhle	[ˈʔøːfn̩ ˈhøːlə]

Diphthonge

[ae̯]	‹ei, ai, eih, ey›	weil, Laib, Weihe, Meyer	[vae̯l lae̯p ˈvae̯ə ˈmae̯ɐ]
[ao̯]	‹au, auh›	Raub, rau	[ʁao̯p ʁao̯]
[ɔø̯]	‹eu, äu›	Leuchte, Räuber	[ˈlɔø̯çtə ˈʁɔø̯bɐ]

Konsonanten

[l]	‹l, ll›	Mehl, hell	[meːl hɛl]
[m]	‹m, mm›	Blume, kommen	[ˈbl̥uːmə ˈkɔmən]
[n]	‹n, nn›	Hähne, kann	[ˈhɛːnə kan]
[ŋ]	‹ng, n vor k›	singen, Bank	[ˈzɪŋən b̥aŋk]
[p]	‹p, pp, b, bb›	Pein, Trupp, Grab, schrubbt	[paen tʁʊp g̊ʁaːp ʃʁʊpt]
[b]	‹b, bb›	Bein, Robbe	[b̥aen ˈʁɔbə]
[t]	‹t, tt, dt, d›	Teer, hatten, Stadt, Rad	[teːɐ̯ ˈhatn̩ ʃtat ʁaːt]
[d]	‹d, dd›	Boden, Bodden	[ˈb̥oːdn̩ ˈbɔdn̩]
[k]	‹k, ck, g, gg, ch›	kalt, hacken, lag, eggt, Christ	[kalt ˈhakŋ̩ laːk ʔɛkt kʁɪst]
[g]	‹g, gg›	gern, Roggen	[g̊ɛʁn ˈʁɔg̊ŋ̩]
[f]	‹f, ff, v›	rufen, Neffe, Vater	[ˈʁuːfn̩ ˈnɛfə ˈfaːtɐ]
[v]	‹w, v›	Welle, Vase	[ˈvɛlə ˈvaːzə]
[s]	‹s, ss, ß›	las, hassen, heiß	[laːs ˈhasn̩ haes]
[z]	‹s›	reisen	[ˈʁaezn̩]
[ç]	‹ch›	weichen	[ˈvaeçn̩]
[j]	‹j›	ja	[jaː]
[ʃ]	‹sch, sp, st›	schön, spät, stehen	[ʃøːn ʃpɛːt ˈʃteːən]
[ʒ]	‹g, j›	Gelee, Journalist	[ʒ̊əˈleː ʒ̊ʊʁnaˈlɪst]
[x]	‹ch›	hauchen	[ˈhaoxn̩]
[ʁ]	‹r, rr, rh›	hören, Narr, Myrrhe	[ˈhøːʁən naʁ ˈmʏʁə]
[h]	‹h›	hole	[ˈhoːlə]

Affrikaten und ähnliche Konsonantenverbindungen

[pf]	‹pf›	Pferd	[pfeːɐ̯t]
[ps]	‹ps›	Klops	[klɔps]
[ts]	‹z, tz›	Zeit, Katze	[tsaet]
[kv]	‹qu›	Quelle	[ˈkvɛlə]
[ks]	‹x, chs, ks, cks›	Hexe, wechseln, Keks, zwecks	[ˈhɛksə ˈvɛksl̩n keːks tsvɛks]

13 Lösungen der Übungen zu allgemeinen Ausspracheregeln

13.1 Silbisch und unsilbisch

[maen nɔɐ̯ ˈfʁɔɐ̯nt ‖
ˈhaɔstyːɐ̯ ‖
kaen ˈfɔɐ̯ ‖
fʁɔɐ̯laen ˈmaɐ̯ ‖
ˈzeːɐ | zeːɐ̯ ‖
ʔeːɐ̯ | ˈʔeːɐ ‖
ˈmɛːɐ | meːɐ̯ ‖
fyːɐ̯ | ˈfʁyːɐ ‖
ˈhɛːɐ | heːɐ̯ ‖
høːɐ̯n | ˈhøːɐ ‖
naː | ˈnɛːɐ ‖]

['leːbm̩ ‖
ˈlapm̩ ‖
ˈhaːbm̩ ‖
ˈkapm̩ ‖
ˈveːgŋ̩ ‖
ˈpakŋ̩ ‖
ˈlaɔfn̩ ‖
vaːɐ̯n ‖
høːɐ̯n ‖
fyːɐ̯n ‖
ˈvɪʃn̩ ‖
ˈb̥akŋ̩ ‖
ˈveːɐ̯dn̩ ‖
ˈvɛtn̩ ‖
zeːn ‖
ǥeːn ‖

vɔln ‖
ˈvaʃn̩ ‖
ˈʁaɔxn̩ ‖
vɛln ‖
ˈhantl̩ ‖
ˈmantl̩ ‖
ˈb̥yːgl̩ ‖
ˈhandl̩ ‖
kɛn ‖
kɔm ‖
zɪŋ ‖
ʃaɔn ‖
ˈʁaezn̩ ‖
ǥuːtn̩ ˈmɔʁgŋ̩ ‖
ǥuːtn̩ ʔaːbm̩t ‖
ʔaɔf ˈviːdɐzeːn ‖]

13.2 R-Realisation

13.2.1 R-Vokalisation

[ʔuːɐ̯ ʼʔuːʁən ‖
meːɐ̯ ʼmeːʁəʁə ‖
teːɐ̯ ‖
heːɐ̯ | ʼheːʁə ‖
ʔeːɐ̯ ‖
fyːɐ̯ ‖
foːɐ̯ | fɔʁn ‖
fiːɐ̯ | deːɐ̯ ʼfiːɐ̯tə ‖
ʼfɔʁdən ‖
fɛɐ̯ʼbɛsən ‖
ʔɛɐ̯ʼfɔʁdən ‖
tsɛɐ̯ʼʃmɛtən ‖
ʼfɛʁtɪç | fɛɐ̯ʼfɛʁtɪɡɳ̩ |
ʼveːɐ̯dɳ̩ ‖
deːɐ̯ ʔeːɐ̯stə ʔɛɐ̯ʼʔoːbəʁɐ ‖
fɔn fɔʁnhɛʼʁaen ‖
ʼʔaltən ‖
ʔɪç fɛɐ̯ʼlaːɡəʁə deːn ʼʔʊntɐʁɪçt ‖
deːɐ̯ ʼfɛʁnzeːɐ̯ ‖
ʔaen ʼʁaefɐ ʔapfl̩ | ʔaen ʼʁaefəʁɐ ʔapfl̩ | deːɐ̯ ʼʁaefəʁɐ ʔapfl̩ ‖
ʼb̥eːʁən | ʼb̥eːʁən ‖
b̥əʼʁaːtn̩ ‖
b̥ɛʁʼliːn ‖
b̥əʼʁeːdn̩ ‖
ɡ̊əʼleːɐ̯t ‖]

13.2.2 Unterscheidung [ɛʁ] und [eːɐ̯]

[ʼmɛʁkhɛft ‖	tɛʁmoʼmeːtɐ ‖
ʼmeːɐ̯kampf ‖	tɛʁts ‖
ʃpeːɐ̯ ‖	ʼʃtɛʁbm̩ ‖
pfeːɐ̯t ‖	ʃtɛʁn ‖
mɛʁts ‖	ʃɛʁts ‖
fɛlt ‖	ʃveːɐ̯ ‖
b̥ɛʁk ‖	zeːɐ̯ ‖
ʼb̥ɛʁstn̩ ‖	ʼhɛʁbɛʁɡə ‖

b̥ɛʁn ‖   ˈheːɐ̯də ‖

pɛʁˈziːl ‖   ˈhɛʁtslıç ‖

pɛʁˈzoːn ‖   hɛʁpst ‖

pɛʁgaˈmɛnt ‖   ˈhɛʁʃɐ ‖

fɛʁn ‖   ɡ̊ɛʁmaˈnıst ‖

ˈfɛʁtıç ‖   ɡ̊ɛʁn ‖

ˈfɛʁbm̩ ‖   ˈɡ̊ɛʁtnɐ ‖

fɛʁˈmaːtə ‖   ˈkɛʁkɐ ‖

ˈvɛʁbm̩ ‖   ˈkeːɐ̯zae̯tə ‖

veːɐ̯ ‖   kɛʁn ‖

ˈvɛʁfn̩ ‖   ˈkɛʁtsə ‖

ˈveːɐ̯tpapiːɐ̯ ‖   ˈʔɛʁbm̩ ‖

ˈvɛʁnɐ ‖   ʔeːɐ̯st ‖

ˈveːɐ̯muːt ‖   ʔeːɐ̯ ‖

vɛʁk ‖   ˈʔɛʁfʊʁt ‖

ˈlɛʁmən ‖   ˈʔɛʁɡɐ ‖

ˈleːɐ̯buːx ‖   ˈʔeːɐ̯tʔaksə ‖

ˈleːɐ̯lıŋ ‖   ʔɛʁnst ‖

ˈlɛʁnən ‖   ˈʔeːɐ̯gae̯tsıç ‖

d̥eːɐ̯ ‖   ˈʔɛʁtə ‖

d̥ɛʁp ‖   ʔɛʁts ‖]

13.3 S-Laut-Realisation

[ziːbm̩ʔʊntˈzɛçtsıç ‖

zɛksʔʊntˈziːptsıç ‖

ˈnɔøntseːnhʊndɐtziːbm̩ʔʊntˈnɔøntsıç ‖

hae̯sə ˈzoːsə ‖

zae̯nə ziːbm̩ ˈzaxn̩ ˈʔae̯nzaml̩n ‖

ˈlaŋzaːm ‖

ɡ̊əˈnyːkzaːm ‖

z̥iː hat ʔɛs ɡ̊ants zıçɐ ˈzɛlpst ɡ̊əzaːkt ‖

z̥iː zınt zɔnst b̥əˈzɔnɐnɐ ‖

ʔae̯n ˈzanftəs ˈvɔʁt ‖

z̥uːˈzanə maːk zyːsə ˈzaːnə ‖

ˈʃlaːkz̥aːnə ‖

nıçt nuːɐ̯ ˈvae̯sə zınt ˈvae̯zə ‖

ˈvısn̩ | d̥as man ˈviːzn̩ nıçt ˈɡ̊iːsn̩ kan ‖

ˈvɛsn̩ ˈveːzn̩ ʔıst ˈz̥anft ‖

veːʁənt’ d̥iːzɐ ˈzeːʁae̯zə ˈskaːt ʃpiːlən ‖

ˈmʊs d̥as zae̯n ‖

tseːn ˈhɔltsklœtsə ‖

'tsvae̯ʔʊntˀtsvantsɪç 'ʃpatsn̩ ‖
ʔao̯f zae̯nəm 'plats zɪtsn̩ ʔʊnt sku'ʁiːlə 'vɪtsə ʁae̯sn̩ ‖
fɔn mu'ziːk nɪçts 'vɪsn̩ | ʔʊnt 'smɛtana nɪçt 'kɛnən ‖]

13.4 Auslautverhärtung

['liːbm̩ | 'liːbə | 'liːplɪç | 'liːpstə | 'liːbəfɔl | liːpt | 'liːphaːbɐ ‖
'vae̯zə | 'vae̯shae̯t | deːɐ̯ 'vae̯zəstə ‖
'ʁae̯zə | ʔeːɐ̯ 'ʁae̯stə | 'ʁae̯zəlʊst ‖
ǧlao̯bə | ʔeːɐ̯ 'glao̯ptə | 'ǧlɔøbɪgɐ | duː 'glao̯pst | 'ǧlao̯phaft ‖
halp | hal'biːʁən ‖]

13.5 Progressive Stimmlosigkeitsassimilation

['ʔao̯szɪçtsloːs ‖
'ʔapǧaŋ ‖
'ʔapǧəzaŋ ‖
'ʔao̯sdʁʊk ‖
'ʔapdʁʊk ‖
'vɛkˀǧeːən ‖
'daxdɛkɐ ‖
'faxǧəʁɛçt ‖
'kɪʁʃʒəle ‖
'ʔao̯fzats ‖
ʔap zae̯tə 'ziːptseːn ‖
dʊʁç das 'daxfɛnstɐ ‖
ʔao̯s zɪç hɛ'ʁao̯sǧeːən ‖
mɪt 'ʔapzɪçt ‖]

13.6 Fester Stimmeinsatz

[ʔam 'ʔanfaŋ ‖
hɪ'nae̯n ‖
'ʔae̯nʃaltn̩ ‖
ʔɛɐ̯'ʔœfnən ‖
fɛɐ̯'ʔapʁeːdn̩ ‖
ʔʊm ʔɛlf 'ʔuːɐ̯ ‖
ʔam 'ʔandəʁən 'ʔaːbm̩t ‖

ʔɪn ˈʔʊlm ʔʊnt ˈʔʊm ˈʔʊlm hɛˈʁʊm ‖
ˈb̥luːmən̥tɔpfʔeːʁ̥də ‖
ˈpfeːʁ̥də ‖
ˈʔaen̥ ˈʔaes̥ ˈʔɛsn̩ ‖
ˈtʊʁmʔuːʁ̥ ‖
ˈʔuːʁ̥ʔaʁmbant ‖]

13.7 Explosionsverlust

[deːʁ ˈʃtɛlənʔap̚ˈb̥ao̯ ʔʊnt̚ diː ˈʔao̯szɪçtsloːzɪçkaet̥ ‖
ˈɡ̊iːp̚ ˈb̥ʁiˈɡɪtə ˈʔao̯x ˈʔɛtvas ‖
das ˈʔɪst ˈʁao̯p̚ˈb̥ao̯ ‖
mɪt̚ ˈteːʁ ʔʊnt̚ tɛʁpɛnˈtiːn ‖
ˈd̥aː laːk̚ ˈkeːkspapiːʁ ‖]

13.8 Nasale Sprengung

[ʔam ˈʔaːbⁿm̩t ‖
deːʁ ˈhalpⁿmoːnt ‖
ˈʔɪs nɔx ˈʔaenən hapⁿm̩ ‖
veːɡⁿŋ dɛs ˈʃlɛçtⁿn̩ ˈvɛtɐs ‖
ziː hatⁿn̩ nɔx ˈvɛtⁿn̩ ˈʔapɡ̊əʃlɔsn̩ ‖
ˈd̥as ˈhat bəˈʃtɪmt ˈʔaenən ˈhaːkⁿŋ̩ ‖]

13.9 Laterale Sprengung

[ˈb̥ɔøtˡl̩ ‖
ˈʔaːd̥ˡl̩ ‖
deːʁ ˈmantˡl̩ ˈʔao̯f d̥eːm ˈbyːɡl̩ ‖
ˈʔaeɡ̊ŋtˡlɪç ‖
ˈveːzn̩tˡlɪç ‖
ˈʁeːtˡlɪç ‖
ˈʔao̯s ˈʔeːd̥ˡlmuːt ‖
ˈʔɛʁˈzɪçtˡlɪç ‖
ˈʔɛs hatˡ ˈlaŋə ɡədao̯ɐt ‖
ˈb̥ɛtˡlaːkŋ̩ ‖]

13.10 Realisation von ‹ig›

['køːnɪç | 'køːnɪgə ‖
'veːnɪç | 'veːnɪgə | ʔam 'veːnɪçstn̩ ‖
ʔeːɐ̯ ʔɪst 'flae̯sɪç | 'flae̯sɪgə 'kɪndɐ | ʔam 'flae̯sɪçstn̩ ʔaʁbae̯tət 'pao̯l ‖
'lae̯ptsɪç | 'lae̯ptsɪgɐ ‖]

13.11 Realisation von ‹ng›

[ʔɛtvas ʔao̯f d̥iː laŋə 'baŋk ʃiːbm̩ ‖
'laŋə 'tsae̯tʊŋ leːzn̩ ‖
tsuː 'laŋzaːm ʔʊntʼ tsuː 'ʔʊŋɡənao̯ zɪŋən ‖
ʔɛtvas fɛɐ̯'laŋən ‖
ʔɛtvas 'ʔanglae̯çn̩ ‖
mɪt mae̯nəm 'ʔɔŋkl̩ 'ʔaŋln̩ ‖]

13.12 Vokalrealisation in Fremdwörtern

[medi'tsiːn ‖
meteoʁolo'ɡiː ‖
mu'ziːk ‖
fo'neːtɪk ‖
fy'ziːk ‖
filozo'fiː ‖
fabʁika'tsjoːn ‖
ɡ̊i'ɡantɪʃ ‖
ʁeɡu'lɛːɐ̯ ‖

holoɡʁa'fiː ‖
ʔɪntʁoʋɛɐ̯'tiːɐ̯t ‖
ʔɪntʁapʊlmo'naːl ‖
meɡa'liːt ‖
neolo'ɡɪsmʊs ‖
ʔɔʁtoʔe'piː ‖
ʃteʁiliza'tsjoːn ‖
mumifi'tsiːʁən ‖
tɛmpo'ʁɛːɐ̯ ‖]

14 Lösungen zur normativen Transkription standardsprachlicher Texte

In 5 wurde bereits darauf verwiesen, dass das Setzen der Pausen und Akzente interpretationsabhängig ist. In den folgenden Texten findet die Pausen- und Akzentsetzung nach Vorlage der gesprochenen Realisierung der SprecherInnen statt. Selbstverständlich können – zu Übungszwecken ohne lautliche Begleitung – die Pausen und Akzente anders gelagert sein.

14.1 Wilhelm Busch: Fuchs und Igel

[vɪlhɛlm ˈbʊʃ |
ˈfʊks ʔʊnt ˈʔiːgl̩ ‖

1	g̊ants ˈʔʊnfɐɐ̯̊ɔft ʔan ʔaɛ̯nəm ˈhyːgl̩ |
2	zɪnt zɪç bəˈgeːgnət ˈfʊks ʔʊnt ˈʔiːgl̩ ‖
3	ˈhalt | ʁiːf deːɐ̯ ˈfʊks | duː ˈbøːzəvɪçt |
4	ˈkɛnst duː dɛs ˈkøːnɪçs ˈʔɔʁdɐ nɪçt |
5	ʔɪst nɪçt deːɐ̯ ˈfʁiːdə lɛŋst fɐɐ̯̊kyndɪçt
6	ʔʊnt ˈvaɛ̯st duː nɪçt | das ˈjeːdɐ ˈzyndɪçt |
7	deːɐ̯ ˈʔɪmɐ nɔx g̊əˈʁʏstət g̊eːt |
8	ʔɪm ˈnaːmən zaɛ̯nɐ majɛsˈtɛːt |
9	g̊eː ˈheːɐ̯ ʔʊnt ʔyːbɐˈgiːp daɛ̯n ˈfɛl ‖
10	deːɐ̯ ˈʔiːgl̩ ʃpʁaːx | ˈnuːɐ̯ ˈnɪçt zoː ˈʃnɛl |
11	las ˈdiːɐ̯ ʔeːɐ̯st daɛ̯nə ˈtsɛːnə bʁɛçn̩ |
12	ˈdan vɔlən viːɐ̯ ʔʊns vaɛ̯tɐ ʃpʁɛçn̩ |
13	ʔʊnt ʔalzo ˈglaɛ̯ç | maxt ʔeːɐ̯ zɪç ˈʁʊnt |
14	ˈʃliːst zaɛ̯nən ˈdɪçtn̩ ˈʃtaxl̩bʊnt |
15	ʔʊnt ˈtʁɔtst g̊əˈtʁoːst deːɐ̯ ˈgantsn̩ ˈvɛlt |
16	bəˈvafnət | dɔx ʔals ˈfʁiːdn̩sˈhɛlt ‖]

14.2 Johann Wolfgang von Goethe: Gefunden

['joːhan vɔlfɡaŋ fɔn 'ɡøːtə |
ɡ̊ə'fʊndn̩ ‖

   1   ʔɪç 'ɡ̊ɪŋ ʔɪm 'valdə
   2   zoː 'fyːɐ̯ mɪç 'hɪn |
   3   ʔʊnt 'nɪçts tsʊ 'zuːxn̩
   4   'das vaːɐ̯ maɛ̯n 'zɪn ‖

   5   ʔɪm 'ʃatn̩ 'zaː ʔɪç
   6   ʔaɛ̯n 'blyːmçən 'ʃteːn |
   7   viː 'ʃtɛʁnə 'lɔø̯çtənt |
   8   viː 'ʔɔø̯ɡlaɛ̯n 'ʃøːn ‖

   9   ʔɪç vɔlt ʔɛs 'b̥ʁɛçn̩ |
10   d̥aː 'zaːkt ʔɛs 'faɛ̯n |
11   'zɔl ʔɪç tsʊm 'vɛlkn̩
12   ɡə'b̥ʁɔxn̩ 'zaɛ̯n ‖

13   ʔɪç 'ɡ̊ʁuːps mɪt 'ʔalən
14   deːn 'vʏʁtslaɛ̯n 'ʔaos̯ |
15   tsʊm 'ɡaʁtn̩ 'tʁuːk ʔɪçs
16   ʔam 'hʏpʃn̩ 'haos̯ ‖

17   ʔʊnt 'pflantst ʔɛs 'viːdɐ
18   ʔam 'ʃtɪlən 'ʔɔʁt |
19   'nuːn tsvaɛ̯kt ʔɛs 'ʔɪmɐ
20   ʔʊnt 'b̥lyːt 'z̊oː 'fɔʁt ‖]

14.3 Heinrich Heine: Abenddämmerung

[haɛ̯nʁɪç 'haɛ̯nə |
'ʔaːbm̩t'dɛməʁʊŋ ‖

   1   ʔam 'blasn̩ 'meːʁəsʃtʁandə |
   2   'z̊aːs ʔɪç | ɡ̊ə'daŋkn̩b̥əkʏmɐt | ʔʊnt 'ʔaɛ̯nzaːm |
   3   diː 'zɔnə 'naɛ̯ktə zɪç 'tiːfɐ | ʔʊnt 'vaʁf |
   4   'ɡ̊lyːʁoːtə 'ʃtʁaɛ̯fn̩ ʔaof̯ d̥as vasɐ |
   5   ʔʊnt' diː 'vaɛ̯sn̩ 'vaɛ̯tn̩ 'vɛlən |
   6   fɔn deːɐ̯ 'fluːt ɡ̊ə'dʁɛŋt |
   7   'ʃɔø̯mtn̩ ʔʊnt 'ʁaoʃtn̩ | 'nɛːɐ ʔʊnt 'nɛːɐ |

8 ʔaen ˈzɛltzaːm gəˈʁøøʃ | ʔaen ˈflʏstn̩ ʔʊnt˺ ˈpfaefn̩ |
9 ʔaen ˈlaxn̩ ʔʊnt ˈmʊʁmln̩ | ˈzɔøftsn̩ ʔʊnt ˈzaɔzn̩ |
10 daˈtsvɪʃn̩ | ʔaen ˈviːgn̩liːt˺ʔɛːnlɪçəs ˈzɪŋən |
11 miːɐ̯ ˈvaːɐ̯ | ʔals ˈhøːɐ̯t ʔɪç fɐ̯ˈʃolənə ˈzaːgn̩ |
12 ˈʔuːɐ̯ʔaltə ˈliːplɪçə ˈmɛːɐ̯çən | diː ʔɪç ʔaenst ʔals ˈknaːbə |
13 fɔn ˈnaxbaːɐ̯sˌkɪndən fɛɐ̯naːm |
14 vɛn viːɐ̯ ʔam ˈzɔmɐ̯ʔaːbm̩t |
15 ʔaɔf deːn ˈtʁɛpm̩ʃtaenən deːɐ̯ ˈhaɔstyːɐ̯ |
16 tsʊm ˈʃtɪlən ʔɛɐ̯ˈtseːlən ˈniːdɐ̯kaɔɐtn̩ |
17 mɪt ˈklaenən ˈhɔʁçn̩dən ˈhɛʁtsn̩ |
18 ʔʊnt ˈnɔøgiːɐ̯kluːgŋ̍ ˈʔaɔgŋ̍ |
19 veːʁənt˺ diː ˈgʁoːsn̩ ˈmɛːtçən |
20 neːbm̩ ˈdʊftn̩dən ˈbluːmənˌtœpfn̩ |
21 ˈĝeːgŋ̍ʔyːbɐ̯ ʔam ˈfɛnstɐ̯ zaːsn̩ |
22 ˈʁoːznˌgəzɪçtɐ̯ |
23 ˈlɛçl̩nt ʔʊnt ˈmoːntˌbəglɛntst ‖]

14.4 Auszug aus Heinrich von Kleist: Über die allmähliche Verfertigung der Gedanken beim Reden

[ˈʔaɔstsuːk ʔaɔs | haenʁɪç fɔn ˈklaest |
ʔyːbɐ̯ diː ʔalˈmɛːlɪçə fɐ̯ˈfɛʁtɪgʊŋ deːɐ̯ gəˈdaŋkŋ̍ baem ˈʁeːdn̩ ‖

1 vɛn duː ʔɛtvas ˈvɪsn̩ vɪlst | ʔʊnt ʔɛs dʊ̥ʁç med0itaˈtsjoːn nɪçt ˈfɪndn̩ kanst |
2 zoː ˈʁaːtə ʔɪç diːɐ̯ maen liːbɐ̯ zɪnʁaeçɐ̯ fʁɔønt | mɪt˺ deːm ˈnɛːçstn̩
3 bəˈkantn̩ deːɐ̯ diːɐ̯ ʔaɔfˈʃtøːst | ˈdaʁyːbɐ̯ tsuː ˈʃpʁɛçn̩ | ʔɛs ˈbʁaɔxt nɪçt
4 ˈʔeːbm̩ ʔaen ˈʃaʁfdɛŋkn̩dɐ̯ ˈkɔpf tsuː zaen | ʔaɔx ˈmaenə ʔɪç ʔɛs nɪçt zoː |
5 ʔals ʔɔp ˈduː ʔiːn daˈʁʊm bəˈfʁaːgŋ̍ zɔltəst | ˈnaen | ˈfiːlmeːɐ̯ zɔlst˺ ˈduː ʔɛs
6 ˈʔiːm ˈzɛlbɐ̯ | ˈʔalɐ̯ˈʔeːɐ̯st ʔɛɐ̯ˈtseːlən | ʔɪç zeːɐ̯ dɪç tsvaːɐ̯ gʁoːsə ˈʔaɔgŋ̍ maxn̩ |
7 ʔʊnt miːɐ̯ ˈʔantvɔʁtn̩ | man ˈhaːbə diːɐ̯ ʔɪm ˈfʁyːɐ̯n jaːʁən deːn ˈʁaːt ĝəˈgeːbm̩ |
8 fɔn ˈnɪçts tsuː ˈʃpʁɛçn̩ ʔals ˈnuːɐ̯ fɔn ˈdɪŋən diː duː bəˈʁaeʦ fɐ̯ˈʃteːst |
9 ˈdaːmaːls ʔaːbɐ̯ ˈʃpʁaːxst˺ duː vaːɐ̯ʃaenlɪç mɪt˺ deːm ˈfoːɐ̯vɪts ˈʔandɐʁɐ̯ |
10 ˈʔɪç vɪl das duː ʔaɔs deːɐ̯ fɐ̯ˈʃtɛndɪgən ˈʔapzɪçt ʃpʁɛçɔst | ˈdɪç tsuː
11 bəˈleːʁən | ʔʊnt ˈzoː | kœntn̩ | fyːɐ̯ fɐ̯ˈʃiːdənə fɛlə | fɐ̯ˈʃiːdənə | ˈbaedə
12 ˈkluːkhaeʦʁeːgl̩n | filaeçt ˈĝuːt neːbm̩ʔaenandɐ̯ bəˈʃteːən ‖]

14.5 Auszug aus Friedrich Schiller: Der Handschuh

[ˈʔaͦo̯stsuːk ˈʔao̯s | fʁiːdʁɪç ˈʃɪlɐ |
deːɐ̯ ˈhantʃuː ‖

   1 ʔʊnt deːɐ̯ ˈkøːnɪç vɪŋkt ˈviːdɐ |

   2 da ˈʃpae̯t das ˈdɔpl̩t ɡ̊əˈʔœfnətə ˈhao̯s |

   3 ˈtsvae̯ leo̯ˈpaʁdn̩ mɪt ˈʔae̯nmaːl ˈʔao̯s |

   4 di ˈʃtʏʁtsn̩ mɪt ˈmuːtɪɡ̊ə ˈkampfbəɡiːɐ̯ |

   5 ˈʔao̯f das ˈtiːɡətiːɐ̯ |

   6 das ˈpakt ziː mɪt zae̯nən ˈɡʁɪmɪɡən ˈtatsn̩ |

   7 ʔʊnt deːɐ̯ ˈlɔø mɪt ɡ̊əˈbʁʏl

   8 ʁɪçtət zɪç ˈʔao̯f | da vɪʁts ˈʃtɪl |

   9 ʔʊnt hɛˈʁʊm ʔɪm ˈkʁae̯s |

  10 fɔn ˈmɔʁtzʊxt ˈhae̯s |

  11 ˈlaːɡən di ˈɡʁɔølɪçn̩ ˈkatsn̩‖]

14.6 Auszug aus Friedrich Schiller: Der Spaziergang

[ˈʔaͦo̯stsuːk ˈʔao̯s | fʁiːdʁɪç ˈʃɪlɐ |
deːɐ̯ ʃpaˈtsiːɐ̯ɡaŋ ‖

   1 zae̯ miːɐ̯ ɡəˈɡʁyːst mae̯n ˈbeʁk mɪt deːm ˈʁøːtlɪç ˈʃtʁaːləndən ˈɡɪpfl̩ |

   2 zae̯ miːɐ̯ ˈzɔnə ɡəˈɡʁyːst | di ˈʔiːn zoː ˈliːplɪç bəˈʃae̯nt |

   3 ˈdɪç ˈʔao̯x ˈɡʁyːs ˈʔɪç | bəˈlɛːptə ˈfluːɐ̯ | ˈʔɔøç ˈzɔøzl̩ndə ˈlɪndn̩ |

   4 ʔʊnt deːn ˈfʁøːlɪçn̩ ˈkoːɐ̯ | deːɐ̯ ʔao̯f deːn ˈʔɛstn̩ zɪç viːkt |

   5 ˈʁuːɪɡə ˈblɔø | ˈdɪç ˈʔao̯x | di ˈʔʊnʔɛɐ̯ˈmɛslɪç zɪç ˈʔao̯sɡ̊iːst |

   6 ʔʊm das ˈbʁao̯nə ɡəˈbɪʁk | ʔyːbɐ deːn ˈɡʁyːnəndn̩ ˈvalt |

   7 ˈʔao̯x ʔʊm ˈmɪç | deːɐ̯ ˈʔɛntlɪç ʔɛntˈfloːn dɛs ˈtsɪmɐs ɡ̊əˈfɛŋnɪs |

   8 ʔʊnt deːm ˈʔeŋən ɡəˈʃpʁɛːç | ˈfʁoͦødɪç zɪç ˈʁɛtət tsu ˈdiːɐ̯ |

   9 ˈdae̯nə ˈlʏftə balˈzaːmɪʃə ˈʃtʁoːm | dʊʁçˈʁɪnt mɪç ˈʔɛɐ̯ˈkvɪkənt |

  10 ʔʊnt deːn ˈdʊʁstɪɡŋ̍ ˈblɪk ˈlaːpt das ˈʔenɛʁɡɪʃə ˈlɪçt |

  11 ˈkʁɛftɪç ˈʔao̯f ˈblyːəndə ˈʔaͦo ʔɛɐ̯ˈɡlɛntsn̩ di ˈvɛksl̩ndn̩ ˈfaʁbm̩ |

  12 ˈʔaːbɐ deːɐ̯ ˈʁae̯tsn̩də ˈʃtʁae̯t | ˈløːzət ʔɪn ˈʔanmuːt zɪç ˈʔao̯f |

  13 ˈfʁae̯ ʔɛmpfeŋt mɪç di ˈviːzə | mɪt vae̯tʰɪn fɛɐ̯bʁae̯tətəm ˈtɛpɪç |

  14 dʊʁç ʔiːɐ̯ ˈfʁɔøntlɪçəs ˈɡʁyːn | ˈʃlɪŋkt zɪç deːɐ̯ ˈlɛntlɪçə ˈpfaːt |

  15 ˈʔʊm mɪç ˈzʊmt di ɡəˈʃɛftɪɡə ˈbiːn | mɪt ˈtsvae̯fl̩ndəm ˈflyːɡl̩

  16 viːkt deːɐ̯ ˈʃmɛtɐlɪŋ zɪç ʔyːbɐ deːm ˈʁøːtlɪçn̩ ˈkleː |

  17 ɡ̊lyːənt tʁɪft mɪç deːɐ̯ ˈzɔnə ˈpfae̯l | ˈʃtɪl liːɡən di ˈvɛstə |

  18 ˈnuːɐ̯ deːɐ̯ lɛʁçə ɡəˈzaŋ | ˈvɪʁbl̩t ʔɪm ˈhae̯tɐʁə ˈlʊft ‖]

14.7 Auszug aus Kurt Tucholsky: Die Kunst, falsch zu reisen

[ˈʔao̯stsuːk ʔao̯s | kʊʁtˀ tʊˈxɔlski |

diː ˈkʊnst | ˈfalʃ tsʊ ˈʁae̯tsn̩ ‖

1 vɛn du ˈʁae̯tsn̩ vɪlst | fɛɐ̯ˈlaŋə fɔn deːɐ̯ ˈgeːgn̩t | ʔɪn diː du ˈʁae̯st |

2 ˈʔaləs | ʃøːnə naˈtuːɐ̯ | deːn kɔmfoːɐ̯ deːɐ̯ ˈgʁoːsʃtat |

3 ˈkʊnstg̊əʃɪçtlɪçə ˈʔaltɐtyːmɐ | bɪligə ˈpʁae̯zə | ˈmeːɐ̯ | g̊əˈbɪʁgə | ʔalzoː

4 ˈfɔʁn diː ˈʔɔstzeː | ʔʊnt ˈhɪntən diː ˈlae̯ptsigɐ ˈʃtʁaːsə |

5 ʔɪstˀ das ˈnɪçt foːɐ̯handn̩ | dan ˈʃɪmpfə ‖

6 vɛn du ˈʁae̯st | nɪm ʔʊm ˈgɔtəs vɪln kae̯nə ˈʁʏkzɪçt ʔao̯f dae̯nə

7 ˈmɪtʁae̯zn̩dən | ziː leːgn̩ ʔɛs diːɐ̯ ʔals ˈʃveɐ̯ə ʔao̯s | du hast bə̥ˈtsaːlt |

8 ʔʊntˀ diː ˈʔandəʁən faːʁən ʔalə ʔʊmˈzɔnst ‖

9 bəˈdɛŋkə | das ʔɛs fɔn ˈʔʊngəhɔøɐ̯ɐ ˈvɪçtɪçkae̯t ʔɪst | ʔɔp du ˈʔae̯nən

10 ˈfɛnstɐplats hast ʔoːdɐ ˈnɪçt | das ʔɪm ˈnɪçtʁao̯xɐʔaptae̯l ʔae̯nɐ ˈʁao̯xt |

11 mʊs zoˈfɔʁt ʔʊnt ʔɪn deːn ˈʃɛʁfstn̩ ʔao̯sdʁʏkn̩ g̊əˈʁyːkt veːɐ̯dn̩ | ʔɪstˀ

12 deːɐ̯ ˈʃafnɐ nɪçt ˈdaː | dan fɛɐ̯ˈtʁɪt ʔiːn ʔae̯nstvae̯lən | ʔʊnt zae̯ poliˈtsae̯

13 ˈʃtaːt | ʔʊnt ˈʁeçn̩də ˈneːmezɪs ʔɪn ˈʔae̯nəm | das fɛɐ̯ˈʃøːntˀ diː ˈʁae̯zə | zae̯

14 ʔyːbɐˈhao̯pt ˈʔʊnliːbm̩svʏʁdɪç | ˈdaːʁan ʔɛɐ̯ˈkɛnt man deːn ˈman ‖

15 max diːɐ̯ ʔae̯nən kɔstn̩ˈfoːɐ̯ʔanʃlaːk bəfoːɐ̯ du ˈʁae̯st | ʔʊntˀ tsvaːɐ̯ ˈbɪs ʔao̯f deːn

16 ˈpfɛnɪç g̊əˈnao̯ | ˈmøːklɪçst ʔʊm hʊndət maʁk tsu g̊əˈʁɪŋ | man kan das

17 ˈʔɪmɐ ˈʔae̯nʃpaːʁən | ˈdaːdʊʁç nɛːmlɪç | das man ˈʔyːbɐʔal ˈhandl̩t |

18 deːɐ̯glae̯çn̩ maxt bəˈliːpt ʔʊnt ˈhae̯tət ˈʔyːbɐˈhao̯ptˀ diː ʁae̯zə ʔao̯f | faːɐ̯

19 ˈliːbɐ nɔx ʔae̯n ˈʔɛntçən vae̯tɐ | ʔals ʔɛs dae̯n ˈgɛltbɔø̯tl̩ g̊əˈʃtatət | ʔʊnt

20 bʁɪŋ deːn ʁɛstˀ ˈdaːdʊʁç ʔae̯n | das du tsu ˈfuːs ge̯ːst | voː diː ˈvaːgn̩faːɐ̯t

21 ˈʔangəneːmɐ ʔɪst | das du tsu veːnɪç ˈtʁɪnkg̊ɛldɐ ˈgiːpst |

22 ʔʊnt das du ˈʔyːbɐhao̯pt ʔɪn jeːdəm ˈfʁɛmdən ʔae̯nən ˈʔaːsg̊ae̯ɐ ziːst ‖

23 fɛɐ̯gɪs dabae̯ ˈniː diː ˈhao̯ptʁeːgl̩ ˈjeːdɐ g̊əˈzʊndn̩ ˈʁae̯zə |

24 ˈʔɛʁgɐʁə dɪç ‖]

14.8 Helge Skirl: Aschblond

[hɛlgə ˈskɪʁl |
ʔaʃˈblɔnt |

1　daen ʔaʃblɔndəs ˈhaːɐ̯ | vaːɐ̯ viː diː fjɔʁdə ʔɪm ˈvɪntɐ̯ |føːg̍l ˈkʁaeʃtn̩
2　ʔyːbɐm meːɐ̯ | ʔam ˈʃtʁant feʔaentsəlt | laːg̍ŋ voːl toːtə ʔaːɐ̯tg̍ənɔsn̩ |
3　daenə ʔaog̍ŋ vaːʁən ˈkalt | ʔʊnt ˈblao | nɪçts vaːɐ̯ ʔaos ʔiːnən tsuː leːzn̩ |
4　mançmaːl fiːl diːɐ̯ das ˈhaːɐ̯ | fɔm vɪnt ʔɪns g̍əˈzɪçt | z̥oː das ʔɪç
5　ʔaog̍ŋblɪkə nuːɐ̯ | fɔn daenəm toːtn̩ ˈblɪk | fɛɐ̯ˈʃoːnt b̥liːp |
6　laŋzaːm ʔɛɐ̯fastə diː ˈkɛltə maenə knɔxn̩ | viːɐ̯ ˈvʏʁdn̩ ʔɪm diː
7　ˈhɪtsə deːɐ̯ ˈhʏtə tsuːˈʁʏk˺keːʁən | ʔʊnt˺diː flamən dɛs foøɐs |
8　vʏʁdn̩ zɪç ˈʃpiːg̍ln̩ | ʔaof daenəm ˈhaːɐ̯ ‖]

14.9 Helge Skirl: Bald verweht

[hɛlgə ˈskɪʁl |
ˈb̥alt fɛɐ̯ˈveːt |

1　deːɐ̯ ˈzɔmɐ ʔyːbɐˈʃtandn̩ |
2　ʔeːɐ̯ vaːɐ̯ zoː lao ʔʊnt ˈg̥ʁao |
3　vɛn nuːn diː faʁbm̩ landn̩ |
4　ʔɪn ˈblɛtən foːɐ̯ deːm ˈblao |
5　dɛs ˈhɪml̩s | d̥ɛsn̩ mɪtə
6　ʔɛɐ̯fʏlt ʔɪst fɔn deːɐ̯ pʁaxt
7　deːɐ̯ ˈʃpɛːtn̩ ˈzɔnə ˈbʁtə |
8　dʊʁç ˈvɛlçə ɪɪɔx ʔɛntfaxt
9　vɪʁt ˈʁaoʃnt ˈʃveːʁə ˈhɪtsə
10　diː ʔɪn deːn fluːʁən ʃteːt |
11　nuːɐ̯ ʔaenmaːl ʔɪm bəˈzɪtsə
12　deːɐ̯ ˈblɛtɐ | b̥alt fɛɐ̯veːt ‖]

14.10 Gottfried Meinhold: Aus Lachverbot – Traum

[ǵɔtfʁiːt maɛ̯nhɔlt |
ʔao̯s laxfɐ̯ʁboːt ‖
tʁao̯m |

1 ʔam mɔʁgn̩ zeːə ʔɪç | deːɐ̯ fɪʃ deːn ʔɪç ǵesten ʔɛɐ̯ˈvɔʁbm̩ ˈhaːbə | ʔɪst
2 ʔyːbɐ naxt ǵəˈvaksn̩ | hatˈdas ˈvasɐ ʔao̯s deːm ʔaˈkvaːʁiʊm fɐ̯ʁdʁɛn̩t | bɪs
3 ʔao̯f ʔaɛ̯nən ˈʁɛst | ʔɪn deːm ʔeːɐ̯ zɪç flɔsn̩ʃlaːgɔnt ˈʔapkɛmpft | ˈǵlaɛ̯ç vɪʁt
4 ʔeːɐ̯ di: ˈglaːsvɛndə ʃpʁɛŋən | ʔeːɐ̯ ʔɪst ʃɔːn baɛ̯ deːɐ̯ ʔɛntˈʃaɛ̯dn̩dən
5 ˈʔanʃpanʊŋ | das ˈǵlaːs ˈbɪʁst | ʔeːɐ̯ ʔɐ̯ʁˈheːpt zɪç | ʔɪn ˈhoːəm ˈboːgn̩ | mɪt
6 ˈʁuːdɐndən flɔsn̩ ʔɪn di: lʊft ʔʊnt flɪːkt ʔɪm tsɪmɐ | ˈhɪn ʔʊnt ˈheːɐ̯ |ʔaɛ̯n
7 mɛçtɪgɐ foːgl̩ | ʔeːɐ̯ ˈʃtɔøt ʔaːbɐ ˈʔʊngəʃɪkt ʔʊnt pʁalt ǵeːgn̩ di:
8 fɛnstɐʃaɛ̯bə | ʔɪç mʊs mɪç ˈbʏkən | ʔʊm nɪçt fɔn ʔiːm gəˈʃtʁaɛ̯ft tsuː
9 veːɐ̯dn̩ | ʔeːɐ̯ hat ʔɛs ʔao̯f mɪç ˈʔapgəzeːən |nɪçt ˈʃnɛl gənuːk˺ kan ʔɪç
10 di: fɛnstɐflyːgl̩ ˈʔao̯fʁaɛ̯sn̩ | ʔeːɐ̯ fɐ̯ʁˈhɛdɐt zɪç ʔɪn deːɐ̯ gaʁˈdiːnə ʔʊnt
11 ˈǵeːt tsuː ˈboːdn̩ |ʔɛs tuːt miːɐ̯ ˈveː | ˈda: ʔɐ̯ʁˈheːpt ʔeːɐ̯ zɪç viːdɐ | ʔʊnt naːx
12 ˈʔaɛ̯nɪgn̩ kʁaɛ̯zn̩ ʔɪm tsɪmɐ ˈʃiːst ʔeːɐ̯ hɪnˈao̯s |ʔao̯f nɪmɐ ˈviːdɐzeːən |
13 ˈhɔfə ʔɪç | ʔʊnt blɪkə ʔiːm naːx |vi: ʔeːɐ̯ balt ˈhoːx balt flax
14 ˈdʁao̯sn̩ ʔyːbɐ deːn ˈkœpfn̩ deːɐ̯ ʔɛntˈzɛtstn̩ paˈsantn̩ hɪntsiːt |
15 ˈʔao̯fʃtaɛ̯gn̩t ʔʊnt ʔɪm ˈʃtʊʁtsfluːk | ǵʁøːsɐ ʔʊnt ǵʁøːsɐ | ʔaɛ̯n giˈgantˈdeːɐ̯
16 lʏftə | ʔɪç ˈbɪn ʔiːn loːs | ˈjuːblə ʔɪç |ʔʊnt ˈʃliːsə das fɛnstɐ | mɪç ʔɪn
17 ˈzɪçɐhaɛ̯t viːgənt |ʔaːbɐ di: ˈgʁɛlən ˈʃʁaɛ̯ə fɔn ˈʔʊntn̩ | lasn̩ miːɐ̯
18 kaɛ̯nə ˈʁuːə | jeːmant hat naːx deːɐ̯ fœøˈveːɐ̯ gəʃʁiːən | ʔaɛ̯n ˈʔandəʁɐ | naːx
19 deːɐ̯ politsaɛ̯ | dan kɔmtˈdeːɐ̯ ˈʁuːf | naːx deːɐ̯ ʔaʁmeː | ʔʊnt ʔɪç ˈʃlaːgə di:
20 ˈhɛndə foːɐ̯s ǵəzɪçt | ʔʊm nɪçt mɪt ˈʔanzeːən tsuː mʏsn̩ | ˈvas ʔɪç
21 ˈʔangəʁɪçtət haːbə ‖]

15 Lösungen zur engen Transkription

15.1 Gespräch Schuhkauf

GS01 C: ich habe also ein Paar Schuhe gesehen also die sind
[ʔɪç ˈɦaβ azəm pʰaˑ ˈʃuˑə gəˈzeːn a̰zʷ d̥i ˈzɪnːː|

GS02   vielleicht ein bisschen ähnlich wie deine
fɪlε̣ε̣ç d̥ⁿn̩ ˈbɪsçn̩ ʔɛːnlɪç v̥i ˈd̥ae̯nɜ ʔˀ|

GS03   aber die gibts in zwei em zwei Höhen
βɐ d̥i jɪpts ɪn tsβa̰e̯ ə̰ːmːː | tsv̥a̰e̯ ˈfiø̰ːn |

GS04   einmal so als flachen Schuh und einmal ein bisschen
ʔa̰e̯nmal zo a̰ls ˈflaxŋ̍ ʃuː n̩ a̰e̯nma m bɪsçn̩

GS05   höher die gibt's in olivgrün rot und schwarz
ˈfiø̰ːɐ̯ |di ŷɪps ɪn o̰ˈliːfg̊ʁy̰ːn ˈʁo̰ːtʼ ʔʊ̰nt ˈʃv̥a̰ːts

GS06   und ich find alle drei Farben schön *lachen*
°h° n̩ç fɪnd a̰lə dʁae̯ ˈfaːbm̩ ˈʃøːn ‖

GS07   im letzter Instanz bleibt man bei schwarz
ʔɪm ˈlɛtsɛ nsans b̥la̰e̯b̥ˀ man ba̰e̯ ˈʃvaːts |]

GS08 D: na ich neige ja immer eher zu solchen festen stabileren
[na ɪç ˈnae̯k ja̰ ɪmɐ ˈeːɐ tsu zɔçn̩ ˈfɛsd̥ⁿn̩ | ʃd̥aˑˈb̥iːləʁən

GS09   Formen bei denen war ich mir erst nicht so sicher aber
fɔːm | ba̰e̯ ˈden va ç mɪ ɛs ˈnɪç su ˈzɪçə a̰βə

GS10   ach naja zur Hose sehen sie ganz schön aus
ʔa̰ naja tsʊ ˈɦoːzə z̥eːn zi gantʃ ˈʃøːn aʊ̯s ‖|]

15.2 Gespräch Urlaub

GU01A: also mir ist das irgendwie aufgefallen dass viele
[ʔazə ˈmiɐ̯ s əs ɣŋvi ˈa̯o̯fɣ̩əfaln as ˈfilə

GU02   im Bekanntenkreis jetzt wieder zunehmend so in den
m̩ bə ˈkʰanṇnkʁaes | jɛts vidə ˈtsuːneːm ɐ̯ḍ zo ɪn dɪn: |

GU03   in den Osten fahren also auch übern Sommer und dann
ɪn dən ˈʔɔsn̩ faːnˠ |ʔazo ˈa̯o̯h | yβɐn ᵈ zomɐ |ʔʊn ḍan

GU04   einfach noch mal so eine Woche irgendwie im Frühjahr
ˈa̯e̯mfa nɔh ma zo nə ˈvɔxə: | ʔɐgⁿŋ̍tvi: ɪmˈpfʁyːjaː

GU05   oder über Weihnachten em so mal in den Süden fliegen
o̯dɐ̯ː yβɐ ˈva̯e̯naxṇn̩ |ʔəːm |zoːː mal ɪn ᵈzyːdⁿŋ̩ fliːgⁿɳ̩

GU06   wenn es hier nicht so schön ist und das habe ich
vɛns hiːɐ̯ ˈnɪç zo ʃøːn ɪs |ʊ̥ntᵈdəs ˈhaβ ɪç

GU07   ja dieses Jahr auch gemacht und e habe gemerkt
ja ˈḍɪ̥zəs ja: ˈa̯o̯h zo gəmaxt |ʊ̥nːtʰ ə ʔ əː haḅ ɡ̊əˈmɛɐ̯kt

GU08   dieses Jahr dass das eigentlich wirklich total schön und
ḍiːsəs ja ḍz̩s ş̩ ʔae̯ŋ̊ɡ̊ç̩ ʋɣɡlɪç tʰotʰaˑl ˈʃøːn ʊnḍ

GU09   auch entspannend ist im Sommer da nicht so weit wegfahren
a̯o̯xɛntˈʃbanːt ɪs |zoː ɪm ˈzomɐ ḍaː nɪç zo ˈva̯e̯t vɛktsʊfãːe̯n̩ˠ |

GU10   und em ja einfach so in so einer Gegend zu sein wo auch
ʊntʰ ʔəːmː|ᵇᵈja: ae̯mfax ˈzo ɪn zõ̩nɐ ˈɡ̊eːgⁿɳ̩ tsʊ zae̯n| vo a̯o̯x

GU11   touristisch nicht so viel los ist das war angenehm
tʊˈʁɪsţɪʃ ˈnɪç zo fiːl |ˈloːs ɪs ḍəs vãː |ˈanjəneːm |]

GU12B: mm
[m̩m̩ː|]

GU13A: und dann war das eine richtig deutsche Enklave also es
[ʔn̩ ˈdan vːa ɹəs ņ ʁɪçdɪç ˈdɔ̥ø̯tʃə ɪŋˈklaːvə a̯zo s

GU14   waren sehr viele Urlauber aus den alten Bundesländern dort
vaːnˠ ˈzeːɐ̯ ˈfiːlə |ˈʔuːʁlaɔ̯ße a̯o̯s dən: |ˈʔaltⁿn̩ ˈbʊndəslɛnɐn dɔtˀ

GU15   das hat mich echt erstaunt wirklich
dəs fiədⁿ mɪç ˈɛçd ɛˈʃdaɔ̯nd̥ |ˈvʏɡ̊lɪç |]

GU16B: hm C: hm
[ˈm̩m̩ː | m̩m̩ː]

GU17A: also die entdecken das jetzt für sich ganz anders
[ʔazɤ ˈdiː ɛ̯nˈdɛkⁿi̯ŋ dəs jɔts fɐ zɪç ɡ̊ants ˈa̯neːs |]

GU18B: hm
[m̩m |]

GU19A: so oder oder neu oder die nutzen das ganz intensiv
[zoːː | o̯dɐ |ʔodɐ ˈnɔ̯ø o̯dɐ | diː ˈnʊtsn̩ dasː | ɡ̊ants ɪntʰɛnˈziːf

GU20   dort hätte ich nicht gedacht
dɔːtˠ | hɛtç ˈnɪç ɡ̊əˈdaht |]

GU21B: also ich kenne auch einige die jetzt aus den alten
[zɪç kʰɛn ˈa̯ox ˈa̯enigɪ diː jɛtst a̯o̯s n̩ ˈaln̩n̩

GU22   Bundesländern gern nach Mecklenburg fahren
bʊnːslɛnɐn ɡɛn nax ˈme̯klənbʊʁk faːnˠ

GU23   in Urlaub und und das also vor allem Familien
ɪn ˈʔu̯ɐlaɔ̯pˀ | ʔʊnːt | ʔʊntˀdasɡ̊ | ʔəls fɐ a̯lm faˈmiːljən

GU24   mit Kindern ne vielleicht sind es auch
mɪt ˈkʰɪndɐn nə |fi̯lɛe̯çt zɪns a̯o̯h

GU25   Preisgründe aber die dann so richtig feste Quartiere
ˈpʁae̯sɡ̊ʁʏnːə a̯ßɐ | i dan zo ʁɪçdɪç ˈfɛstə kv̥aˈtʰiːʁɐ

GU26   haben in die die immer wieder kommen jedes Jahr
fiam ɪn i di ˈɪmɐ ˈviˑtɐ kʰɔm ˈjedəs ˈjaː |

GU27 und da entwickeln sich richtig Freundschaften die
ʊ̰n daː| n̩tʰˈv̥ɪg̊əln zɪɕ ˈʁɪɕɪç ˈfʁ̥ɔø̯nʃafn i

GU28 planen dann schon zusammen Urlaub und so m
ˈplaːnan ʃɔ̞n tsu̝z̥am ˈʔuːɐ̯lao̯β̥ ʊn z̥o | m |]

GU29B: ja ja das war da auch so e können wir schon
[ja ˈja d̥əs v̥a ɾa ˈa̰o̯h z̥oː | ʔɞˈkʰœɐŋ vɐ ʃon

GU30 für nächstes Jahr buchen das war mir völlig
fʏ ˈneːstəs jaː b̥uːxŋ̍ d̥əs ˈvaː mɪ ˈfœlɪɕ

GU31 fremd ja das man gleich so fürs nächste Jahr wieder
ˈfʁ̥ɛmt jaː d̥əs maŋ ˈg̊lae̯ɕ z̥o fʏˑs ˈne̝ːsd̥ə jaː vid̥ɐ |

GU32 bucht e kann ich mir gar nicht so festlegen
ˈb̥uːxt ʔəː | kan ɪç mɪ ˈg̊a nɪɕ z̥oː ˈfɛstˡˈleːgŋ̍ |]

GU33A: hm ich glaube eben das das wäre mir also jetzt
[m̤m̩ | ʝˈɮ̊ˠao̯β̝ə m̩ d̥əs | d̥əs veːɐ̯ ˈmiːɐ̯ ʔazo̟ ˈjɛ̞tsd̥

GU34 im Moment würde ich sagen ein bisschen
ɪ̰m moˈmɛnn̥ v̥ʏdɪɕ z̥aŋː | m̩ ˈbɪsɕm̩

GU35 beängstigend das Gefühl dann immer nur unter
b̥ɛ̰ˈʔɛŋstɪgŋ̍dɔs g̊əˈfyːl | d̥ɛn ˈʔimɐ nuːɐ̰͓ ʊ̰ntɐ

GU36 Deutschen zu sein im Ausland ich weiß nicht
ˈd̥ɔø̯t̚ʃn̩ tsə zae̯n ɪ̰m ˈa̰o̯slant | ç ˈv̥ae̯s nɪç |

GU37 finde es eigentlich spannend wenn man woanders ist
fn̩əs ˈa̰e̯ŋdɪ ˈʃb̥ann̩d̥ vɛmanʷo̰ˈa̰nɐs ˈɪ̰sː ||]

15.3 Nachrichten: Sprecher D. K. Mäurer

NM01   Dresden
        [ˈdʁeːsdn̩ |

NM02   In Sachsen sind keine belasteten Eier und Fleischwaren
        ʔɪn ˈzaksñ̩ zñ̩t ˈkʰaẹnə bəˈlasːətn̩ ˈaẹɐ ʊnt ˈflaẹʃvaːnˠ

NM03   gefunden worden. Experten haben bei Untersuchungen auf die
        gəfʊn̩ʔn̩ vɔːdn̩ | ʔɛksˈpʰɛɐtn̩ fiaːbm̩ baẹ ʊntɐˈzuːʁʊŋən aʊf diː

NM04   krebserregende Substanz PCB keine Überschreitung der
        ˈkʁeːpsɐʁeːgỊnə zʊbsˈtʰants pʰeːtseːˈbe: ˈkʰaẹnə ybɐˈʃʁaẹtʰʊŋən dɛ

NM05   zulässigen Grenzwerte festgestellt. Die
        ˈtsuːlɛsɪgỊ̩ ˈgʁɛntsveːɐtʰə fɛstĝəʃtɛltʰ | diː

NM06   Lebensmittelüberwachungsbehörden hatten die Proben
        ˈleːbm̩smɪtl̩ybəˈvaxʊŋsbøfiøːɐdn̩ fiatn̩ di̥ pʁoːbm̩

NM07   vorsorglich genommen, weil in einer Reihe von sächsischen
        ˈfoːɐzɔːĝlɪç ĝənɔmː| ɣal m̩ anɐ ˈʁaẹɪ fɔn ˈzɛksɪʃn̩

NM08   Landwirtschaftsbetrieben wahrscheinlich PCB-belastetes Futter
        ˈlantɣəːtʃaftsbətʁiːbm̩ | ɣaˈʃaẹnlɪç pʰeːtseːˈbeːbəlasːədəs ˈfʊtʰə

NM09   gefüttert worden war. Die Verunreinigung stammte nach
        fəfɣtɐt ʋɔʁdn̩ va: | di fɐʊnʁaẹnigʊŋ ʃdamtʰə naʁ

NM10   Angaben des Sächsischen Landwirtschaftsministeriums
        ˈanɡaːbm̩ dɛs zɛksɪʃn̩ ˈlantɣətʃaftsmɪnɪstʰeːɐjʊmps |

NM11   vermutlich aus verschmutztem Pflanzenöl.
        fəmuːtlɪç aʊs fəˈʃmʊtstəm ˈpflantsn̩øːl ‖]

NM12   Karlsruhe
        [ˈkʰalˠsʁʊə|

NM13   RTL ist mit dem Versuch gescheitert, ein Gerät zum
        ʔɛʁtʰeːˈʔɛl ɪs mɪtˈdeːm fəˈzuːx ĝəˈʃaẹtʰɐt aẹn ɡəˈʁeːtʰ tsʊm

NM14 Ausblenden von Fernsehwerbung verbieten zu lassen. Der
ao̯sblɛnn̩n̩ fɔn ˈfɛɐ̯nzeːvɛɐ̯bʊŋ fəˈbiːtn̩ tsʊ lasn̩ | dɛ

NM15 Bundesgerichtshof hat die Klage des Privatsenders
bʊndəsɡ̊əˈʁɪçtshoːf hatˈd̥i ˈkl̥aːɡə dəs pʁiˈvaːtsɛndɐs

NM16 zurückgewiesen. Mit dem Urteil ging ein rund fünfjähriger
tsʊˈʁʏkˈɡ̊əviːzn̩ | mɪtˈd̥eːm ˈʊɐ̯thae̯l ɡɪŋ ae̯n ʁʊnt ˈfʏɱfjɛːʁiɡɐ

NM17 Rechtsstreit um das Gerät zu Ende. Der Apparat
ˈʁɛçtsʃtʁae̯t ʊm dəsɛʔ ɡ̊əˈʁeːth tsʊ ˈɛndə | dɛ aphaˈʁaːt

NM18 blendet Werbespots automatisch aus oder
bl̥ɛndət ˈvɛɐ̯bəspɔts ˈao̯tomaːthʏʃ ˈʔao̯s o̯ɐə

NM19 schaltet auf einen werbefreien Kanal um.
ʃalthət ao̯f ae̯nən ˈvɛɐ̯bəfʁae̯n khaˈnaːl ʊm |

NM20 RTL befürchtet, dass mit der Neuentwicklung die
ʔɛɐ̯theːˈɛl bəˈfʏɐ̯çthɪth | das mɪtˈd̥eːɐ̯ ˈnɔø̯ɛntvɪklʊŋ | di

NM21 Werbeeinnahmen von Privatsendern gefährdet sind.
vɛɐ̯bəae̯nnaːmən fɔn pʁiˈvaːtsɛnːɐn ɡ̊əˈfɛɐ̯dət zɪndz ‖]

NM22 Berlin
[b̥ɛˈliːn |

NM23 Fast zwei Millionen Patienten müssen schon
ˈfas ˈtsvae̯ mɪijoːnən phaˈtsjɛnn̩n̩ mʏsn̩ ʃoːn

NM24 nichts mehr zuzahlen. Nach einer Umfrage der
ˈnɪçts meːɐ̯ ˈtsuːtsaːln | nax ae̯nɐ ˈʊmfʁaːɡə dɛ

NM25 Bildzeitung bei den gesetzlichen Krankenkassen
ˈbɪltˈtsae̯thʊŋ bae̯ dən ɡ̊əzɛtslɪçn̩ ˈkʁaŋŋ̊khasn̩ |

NM26 haben 1,83 Millionen
haˈbm̩ ˈae̯ntskhoma ˈʔaxtˈd̥ʁae̯ mɪljoːnən

NM27 Menschen inzwischen die Ausgabengrenze
ˈmɛnʃn̩ ɪntsvɪʃn̩ di ao̯sɡ̊aːbm̩ɡ̊ʁɛntsə

NM28   erreicht, bis zu der man zu Medikamenten,
        ɐ̯'ʁaeçt | 'bɪs t̯sʊ 'de̝ːɐ̯ man tsʊ mɪdi̝kʰa'mɛntn̩ |

NM29   Arztbesuchen oder Krankenhausaufenthalten
        'ʔaːtst͡bəzuːxn̩ | o̝dɐ 'kʁaŋkⁿn̩ɦaos ao̝frn̩thalt͡n̩n̩ |

NM30   zuzahlen muss. Sie liegt bei zwei Prozent des
        'tsuːtsaːln mʊs | zi: 'liːkt b̥ae̯ 'tsvae̯ pʁo'tsɛnt d̥əs

NM31   Brutto-Jahreseinkommens, bei chronisch
        b̥ʁʊtʰo 'jaːʁəs ʔae̯nkʰɔmɘns | b̥ae̯ 'kʁoːnɪʃ

NM32   Kranken bei ein Prozent. Die Regelung im Rahmen der
        'kʁaŋkⁿn̩ b̥a 'ʔae̯nəm pʁɔtsɛntʰ | di̯ 'ʁeːɣəlʊŋ ɪm ʁaːmən dɛ

NM33   Gesundheitsreform ist seit einem halben Jahr
        ɡə'zʊnthae̯tsʁəfɔːm ɪss z̥ae̯t ae̯nəm 'ɦalbm̩ 'jaː

NM34   in Kraft.
        ɪn kʁaftʰ ‖]

15.4 Nachrichten: Sprecher G. Töpfer

NT01   Halle
        [ˈhalə |

NT02   Aus dem Gefängnis 'Roter Ochse' ist ein Häftling
        ʔaʊ̯s əm ɡəˈfɛŋniz ʁoːtɐ ˈʔɔksə ɪst aɛ̯n fiɛftlɪŋ

NT03   ausgebrochen. Nach Angaben des Justizministeriums zersägte
        a̯ʊ̯sɡ̊əbʁɔxɨ̥ | naːx ˈa̯ŋaːbn̩ nəs jʊsˈtiːtsmɪnɪstʰɛʁiʊms səzeːkˀdə

NT04   der Vierundzwanzigjährige die Gitterstäbe seiner Zelle und seilte
        dɛ ˈfiʊ̯ntsvantsɪçjeːʁɪɣə di ˈɡ̊ɪtʰəʃteːβə zaɛ̯nɐ ˈtsɛlə | ʔʊnt za̯ɛltə

NT05   sich ab. Mit zwei Leitern habe er die Gefängnismauer
        zɪç ˈʔap | mɪ ˈtsvaɛ̯ ˈlaɛ̯tɐn fiaβə ɛ di ɣəˈfɛŋnɪsmaʊ̯ɐ

NT06   überwunden. Dabei soll er Hilfe von außen gehabt haben. Der
        yβɐˈvʊnn̩n̩ | ˈd̥aːβae̯ zɔl ɛ ˈfiɪlfə fɔn ˈa̯ʊ̯sn̩ ɡəfiapˀt haːbm̩ | d̥ɛ

NT07   Mann saß seit Dezember wegen Raubes in Untersuchungshaft.
        ˈman zaːs za̯ɛtˀdɪˈtsɛmbɐ veɡɨ̥ ˈʁaʊ̯bəs ɪn ʊntəzuːxʊŋsfiaftʰ |

NT08   Im Mai war er zu einer Freiheitsstrafe von mehr als drei Jahren
        ʔɪm ˈmaɛ̯ vaˑ ɛ tsʊˑ nɐ ˈfʁaɛ̯fiaɛ̯tʃtʁaːfɣ fɔn ˈmeːɐ̯ as d̥ʁaɛ̯ ˈjaːʁən

NT09   verurteilt worden.
        feʊ̯taɛlt vɔːdn̩ ‖]

NT10   Braunschweig
        [ˈbʁaʊ̯nʃvaɛ̯k |

NT11   Der Deutsche Elternverein hat die Forderung nach einem
        dɛ ˈd̥ɔɛ̯tʃə ˈɛltʰɐnfʁaɛ̯n fiatˀdiː ˈfɔːdəʁʊŋ naʁ aɛ̯nəm

NT12   Kindergarten-Pflichtjahr unterstützt. Die Vorsitzende Mundlos
        ˈkʰɪnˈəɡaʁtn̩ ˈpflɪçtjaːɐ̯ ʔʊntəˈʃtʏtst | d̥i ˈfɔːzɪtsn̩də ˈmʊntloːs

NT13   sagte, gleich zu Beginn sollten die sprachlichen Fähigkeiten der
        ˈza̯ːktə | ɡ̊laɛ̯ç tsʊ βəˈɡɪn zɔltn̩ di ʃpʁaːxlɪçn̩ ˈfeːɪçkʰaɛ̯tn̩ dɛ

NT14   Kinder überprüft werden. Dann sei eine gezielte Förderung
        kʰɪndə y̆bə'pʁyːft vɛːʁdn̩ | 'dan zae̯ a̯nɪ ɣɪtsiːltʰə 'fœːdəʁʊŋ

NT15   möglich. Die Kosten dafür dürften aber nicht allein den
        møːɡlɪç | d̥i 'kʰɔstn̩ 'daːfyːʁ̥ə dɵːftn̩ aβə nɪçt a̯'laen den

NT16   Eltern aufgebürdet werden, betonte der Verein.
        'ʔɛltʰɐn a̯o̯fɡ̆əbøːdət vɛːʁdn̩ | b̥ə'tʰoːntə dɛ fɐ'aen̯ ‖]

NT17   Washington
        ['wɔʃɪŋtn̩ |

NT18   Die US-Regierung will Häftlinge in Guantanamo künftig anders
        di u̯'ɛs ʁegiːʁʊŋ vɪl 'fiɛftlɪŋɪ ɪn gwan'tʰanamoː | 'kʰʏnftɪç ʔandəs

NT19   behandeln. Ein Regierungssprecher sagte, die Haftregeln
        b̥əfiandln̩ | a̯en̯ ʁe'giːʁʊŋʃpʁɛçɐ zaːktə d̥iː fiafʁɐɣ̃õl̃n

NT20   würden den Vorgaben des obersten Gerichtshofes angepasst.
        vɵːdn̩ deːn 'foːgaːbm̩ dəs o̯βɐsdn̩ gə'ʁɪçtshoːfəs 'anɣəpʰa̯stʰ |

NT21   Die Richter hatten gestern klargestellt, dass die etwa
        d̥i 'ʁɪçtə fiatn̩ 'gɛsten 'klaːɣəʃtɛltʰ | das d̥iː ɛtva

NT22   sechshundert Gefangenen gegen ihre Inhaftierung klagen dürfen.
        'zɛksʊnət ğ̥ə'faŋɛnən geːgŋ̩ 'iːʁɪ ɪnfiaftʰiʁʊŋ 'klaːgŋ̩ dɵːfm̩ |

NT23   Menschenrechtler sprachen von einem Sieg der Gerechtigkeit.
        'mɛnʃn̩ʁɛçtlɐ ʃpʁaːxŋ̩ fɔn aen̯əm 'ziːkʰ | d̥ə ɣə'ʁɛçtɪçkʰaetʰ |

NT24   Experten erwarten nun eine Klagewelle. Eine Gruppe von
        ɛks'pʰɛɐtn̩ ɛvaːtn̩ nuːn aen̯ə klaːɣə'vɛlə | a̯en̯ə 'gʁʊpə fɔn

NT25   Anwälten kündigte an, schon in den nächsten Wochen gegen die
        'a̯nvɛltn̩ kʏndɪçtɐ a̯n | ʃɔn ɪn en neːe̯stn̩ 'vɔxŋ̩ ɣeːgŋ̩ d̥i

NT26   Inhaftierung ihrer Klienten vorzugehen.
        ɪnfiaf 'tʰiːʁʊŋ 'iːʁɐ kl̥i'ɛntn̩ 'foːtsʊɣeːn ‖]

15.5 Gespräch D. K. Mäurer mit G. Töpfer

GJ01 M: weiterer Vorteil find' ich ist dass die Straßenbahn
GJ02 T:
GJ01 M: 'vaet̯əʁə fɔˤtʰael̯ fɪnd ɪj̯ ɪs dəs d̥i̥ 'ʃtʁaːsm̩baːn
GJ02 T:

GJ03 M: rund um die Uhr fährt   hm hm
GJ04 T: tut sie das
GJ03 M: 'ʁʊnd ʊm d̥i̥ 'u̯ʏ̯ 'feːⱥ̯tʰ   mm̩m
GJ04 T: 'tʰuːt' zi· das

GJ05 M: mm fährt rund um
GJ06 T: ehrlich Straßenbahn
GJ05 M: mm̩ | fɛ·t ʁʊnd ʊm
GJ06 T: 'ʔɛ·lɪç | 'ʃtʁaːsm̩baːn

GJ07 M: die Uhr
GJ08 T: (eh n) na wieder
GJ07 M: d̯i̯ u·ʏ̯ |
GJ08 T: 'ɔ̃ɔ̃ |n̩ə 'viðɐ

GJ09 M:
GJ10 T: was dazu gelernt nach so vielen Jahren *lachen*
GJ09 M:
GJ10 T: vas ə'dsuː gələːn nḁ z̥o fɪ̯ 'ja·hən̩n

GJ11 M: und es ist nicht normal in das ist in anderen Städten nicht so
GJ12 T:
GJ11 M: ʊnd z̩ 'nɪj nɔ'maːl ɪn̯ dəs n̩ 'anɐn ʃtɛ·tʰn̩ 'nɪç z̥oː |
GJ12 T:

GJ13 M: mh hn abgesehen von den
GJ14 T: das ist nicht so
GJ13 M: n̩n 'ʔapg̊əzeːn fɔn ɛ̃n·
GJ14 T: d̥z̥ s 'nəç z̥oː
GJ15 M: Häusern in der Innenstadt das Damenviertel ist ja
GJ16 T:
GJ15 M: 'hɔøzen ɪn d̯ɛ̯ 'ɪn̩ːʃtatʰ | d̥əs 'daːmfʏˤtl̩ ɪs ja
GJ16 T:

GJ17 M: fantastisch die Leute sind herzlich
GJ18 T:
GJ17 M: fanˈtʰastʏʃ | dị̊ ˈlɔ̌ø̃tə z̥n̥ ˈfɛ̝ɐ̯tslɪç
GJ18 T:

GJ19 M:
GJ20 T: also ich muss sagen Jena ist irgendwie eine großartige
GJ19 M:
GJ20 T: ʔaz i m̥ʊ zaŋ ˈjeˑnaˑ s ɪ̯ŋvi nə ˈg̊ʁɔ̊ˑsaˑdɪɣɪ

GJ21 M: hmm
GJ22 T: Stadt weil   im Vergleich zu
GJ21 M: m̥m̥
GJ22 T: ʃtad̥ | ˈvaẹl | ĩ fɜɡlaɛ̝ç tsʊ

GJ23 M:
GJ24 T: Halle oder so sind in Jena einfach mal
GJ23 M:
GJ24 T: ˈɦalə odə zo̥ˑʔ | zɪnd m̩ ˈjeːnaˑ ãẽfa m̥a

GJ25 M:
GJ26 T: tausend Studenten Tausende
GJ25 M:
GJ26 T: ˈtʰao̥zn̩ ʃʊdɛnn̥n̩ | ˈtʰao̥zɛndə

GJ27 M:
GJ28 T: Studenten nur Studenten und äh
GJ27 M:
GJ28 T: ʃtʊˈdɛnn̥n̩ ˈnuˑɐ̝ ʃə̥ˈdɛnn̥n̩ | ʔɔ̥ːnt ɔ̥ː |

GJ29 M:
GJ30 T: jeden Abend ist irgendwo eine Party das find ich
GJ29 M:
GJ30 T: ˈjeːdn̩ aˑmd z̥ ɪɣɪ̯ʊə nə paˑti ðəs fn̩ ɪç

GJ31 M:
GJ32 T: ja zum Beispiel klasse guck dir
GJ31 M:
GJ32 T: jaː tsʊm bae̯ʃpi̥l kl̥asə | kʰʊɣ diȩ̯

GJ33 M: und wenn Semesterferien
GJ34 T: mal Halle an!   wann ist in Halle
GJ33 M: ʊn vɛn zəmɛsəˈfɛˑjən
GJ34 T: m̥a ˈfialə an   v̥a ɪs ɪn ˈhalə

GJ35 M:
GJ36 T: wann ist denn in Halle mal bitte schön einmal einmal
GJ35 M:
GJ36 T: ʋan ˈɪs n̥ ɪnː ˈfialə ma bɪrə ʃøːn ae̯nəma ˈʔae̯nmaˑl

GJ37 M: mm
GJ38 T: im Jahr ist da mal 'ne Studentenparty und in Jena
GJ37 M: m
GJ38 T: ɪm jaː ɪs d̥aː ma n̩ ʃʷˈdɛnn̩ pʰaːti ʊnt ɪn ˈjeːna̯

GJ39 M: Das stimmt
GJ40 T: kannst du irgendwie jeden Abend schön weggehen
GJ39 M: d̥əs ˈʃtɪmd
GJ40 T: kãs ŋvi ˈjen a̯mt ʃøˑn ˈvɛk˺ğeˑn

GJ41 M: und   mm
GJ42 T: die ganze Stadt ist eigentlich nur 'ne Uni
GJ41 M: ʊ̯n   m
GJ42 T: d̥i ˈɣansə ʃtat ɪs ae̯ŋgɪz nʊ nə ˈʊni: ‖]

15.6 Interview Hallisch

Im Folgenden bezeichnet SS die Obsthändlerin, UW die Interviewerin.

HA01 SS: ich stehe <u>früh</u>
             ['fʁy̥ː]

HA02 <u>um drei halb dreie auf</u>
             [ˀʊmː 'dʁaɛ̯ fiælp dʁaɛə 'ɔofː]

HA03 na <u>dann mache ich Frühstück</u>
             [dən mãʁ̃ĩç̥ 'fʁyːʃdɣ̥k̚]

HA04 dann <u>dusche ich mich ab</u>
             [du̯ːʒ ɪʑ mɪj 'ab]

HA05 und dann <u>ziehe ich mich an</u>
             [tsi̯ːʑ mɪj 'an]

HA06 dann <u>gehe ich hier auf den Markt</u>
             [jeɪç]
             ['mõ̯ːɪçt̚]

HA07 dann wird <u>aufgebaut der Stand</u>
             ['ə̯fçəbaə̯d̃]

HA08 na ja und dann <u>fangen wir nachher später an zu verkaufen</u>
             [fãŋ mỹ nãɛ̯ˤ 'ʃbɛd̥ɐ an tsə fʌˤ'kaofr̩]

HA09 UW: und sicherlich ist auch anstrengend die Arbeit

HA10 SS: na eigentlich macht es uns Spaß wahr
             [nn̥ 'aˑ꜠ʒnĩj mḁʁts ʉ̈ns 'ʃbɑˑəsˑ 'ʊ̃ːː]

HA11 UW: und wie sind sie dazu gekommen

HA12 SS: na ja meine <u>Großeltern</u> hatten schon <u>früh(er)</u>
             ['ɣ̥ʁɔ̯ːsɛ̥ldɐˤnˤ]
             ['fʁÿˑ]

HA13 <u>auf dem Markt gestanden</u>
             [ʌvm̥ mõ̯ə̃jɪʃ̥dannn̩]

HA14 neunzehnhundert<u>sechsundzwanzig</u>
             [nɜənzɐ̥ˤtzɛksn̩'tsβandzɪç]

HA15 und <u>meine Mutti</u> hat das dann <u>auch weitergeführt</u>
             [maːnŏ̃ 'mʊ̯əd̥i]
             [ʊɣ 'vaɛdɐˤjəfÿːɐ̯ˤtˤ]

HA16 und jetzt <u>machen wir es eben weiter</u>
             [mãʁ̥ʁ̥'miːəs ɛːm 'vaɛtʰẽˤ]

HA17 UW: ja

HA18 SS: hmhm
HA19 UW: und ist ein richtiger Familienbetrieb
HA20 SS: richtiger <u>Familienbetrieb</u> ja
            [ˈʁʏçɐˤ faˈmi̤ˈljənbətʁḭːp]
HA21 UW: ihre Mutter ist ja auch schon lange dabei
HA22 SS: die Mutti ist auch schon lange dabei
            [də mʊ̯ə̆tˢi̤ːz ˈʒʊ̯ʃŏn laŋə dɐvae̯]
HA23   die war am am (ff) Mo- am <u>Montag</u> fünfundsiebzig
            [ˈmoːə̆nta̤ʰ]
HA24 UW: ach so
HA25 SS: und ist mächtig <u>geehrt</u> worden
            [jɪˈɛ̆ɐ̆ˤd̚]
HA26   vom <u>Fernsehfunk</u>
            [ˈfɛ̆ɐ̆ˤnˤzĕə̆fɤˠŋğ]
HA27   von der Blumenfrau Regine
            [fɔn dɐ̆ˤ blṳːm̩fʁao̯ ʁeˈğiːə̆nə]
HA28   und von der Frau <u>Scherf</u>
            [ˈʃɛ̆ɐ̆ˤːfˤː]
HA29   hier vom <u>MDR</u>
            [ɛmdɛ̤ ˈɛ̆ɐ̆ˤ]
HA30   und hat auch viele <u>Gratulationen</u> gekriegt
            [filə ğʁadṵlă̆ˈtsjəːn ̩ jəkʁɪçtʰ]
HA31   und viele Blumen
HA32   und <u>Pralinenkasten</u> und so
            [b̥ʁă̆ˈli̤ːnːkastn̩]
HA33 UW: hmhm
HA34 SS: na
            [na]

15.7 Interview Sächsisch

SÄ01   hier ist eine große Wiesenfläche und der <u>Flutgraben</u> verläuft
           [flo̥d˺ɢʁɑɑbm̩]

SÄ02   hier in circa 2–3 Metern Tiefe also <u>das Wasser steht jetzt hier</u>
           [azə d̥ɜs wɒˤzˤɣˤ ʃd̥ẽ̥ədïsfɪ̃ʌˤ]

SÄ03   fast <u>drei Meter</u> hoch und wir sind gestern Abend
           [d̥ʁɑɛ me̥d̥ʌˤ]

SÄ04   <u>notevakuiert worden</u>
           [nɜ̥əd̥ævɐɣɣɪɣˤtvɔ̥ˤd̥n̩ˤ]

SÄ05   weil das Wasser im Haus <u>bedrohlich</u>
           [b̥ə̥tʁɜ̥əlɔʒ]

SÄ06   anstieg und meine Frau die Nerven <u>verloren</u> hatte <u>sind wir hier</u> über den
           [fʊˤlˤo̥ˤnˤ]
           [sɪmɜfiːɪə̥ˤ]

SÄ07   bei Nacht über den <u>jetzigen</u> Fluss geschippert worden
           [jætsɪʒn̩]

SÄ08   was sonst <u>eine</u> herrliche Grünwiese ist
           [ɜnɛ]

SÄ09   was eigentlich das von der <u>Elbe</u> wo das Wasser
           [e̥ɪɡ̊ŋ̍d̥ˡə̥ʃ]
           [æ̃lβə]

SÄ10   abfangen soll jetze in dem Moment <u>macht sie das auch gerade</u> aber es ist
           natürlich
           [maχtsəsɔə̥ɵ̥ʁɔ̥ʁ̥ɔ̥ed̥ə]

SÄ11   mit einem Rauschen und <u>Getöse</u> bei uns in die Treppenhäuser eingedrungen
           [ɡ̊ədœ̥əzə̥]

SÄ12   gestern dann plötzlich noch als der <u>Sportplatz</u> fast zwei Meter
           [alsə̥ˤʃˤb̥ˤo̥ˤd̥˚blad̥s]

SÄ13   dann unter Wasser stand es war eine <u>einzige</u> Katastrophe für meine Frau
           hat dann die Nerven verloren
           [e̥ːtsʃ̥ə̥]

SÄ14   sind wir raus und jetzt <u>hatte ich auch noch in der Not</u> den Gashahn
           [fiaɪʒ̊ɔ̃nɔɛndɣˤnɜ̥ət]

SÄ15   vergessen zuzudrehen den Haupthahn ich <u>sage</u> wenn
           [sʌ̥ə̥]

SÄ16   eine Gelegenheit ist [muss ich] <u>wieder</u> hin und eventuell helfen
        [gəlɛ̝ːgŋ̩fiaɛ̯dɪs]
        [mɛ̝zʒ̇]
        [vi̯dʌˤ]
SÄ17   und man kann ja bloß helfen noch das <u>müssen sie sich</u> mal bildlich vorstel-
        len
        [mɪzzɪʒ̞]

15.8 Interview Schwäbisch

SW01   ich bin geboren in Stuttgart
         [ʃtu̥g̊ʀ̥at͡ʕh]

SW02   auch da aufgewachsen
         [ʔɑ̯ədɑ̩ʾoɥf̊g̊ʾɤaksə]

SW03   mein Vater stammt aus Ulbach und Fellbach
         [faːtəʕʀ̥ʕ]

SW04   er war Lehrerssohn
         [lʕëːʁ̥ɐʕsːõː]

SW05   meine Mutter stammt aus Ulm
         [mutə]
         [ʒ̊ʊz̥]

SW06   und ich hab meine ganze Jugendzeit durch
         [juːɣŋ̍ʾtsɜ̯ɪd̥ʾdʊ̯əɕ]

SW07   immer darunter leiden müssen dass ich eine
         [lʕɑɪɪə]

SW08   Ulmer Form in meiner Sprache gehabt habe das war nämlich gvest
         [ʃpʁɔx kʰap̚ʾhab̥]

SW09   immer hat es wieder geheißen
         [ʋ̥idə]

SW10   ach jetzt hat er wieder gvest gesagt
         [ksakt]

SW11   und das ist heute noch so dass mir
         [ʊ̃ndɛzɪʒɦɜ̯id̚]
         [miɐ̯ʁ]

SW12   que oder gveser oder irgend eine Auswegform,
         [ʌu̥sɣɛːkfɔʁm]

SW13   die ich suche absolut nicht vom Munde will also ich bin in
         meiner Kindheit ganz in Stuttgart gewesen habe mich viel in der
         Umgebung herumgetrieben
         [g̊ẽnz̥]
         [g̊vɛːsə̃]

SW14   bin in der Bobser Gegend aufgewachsen hab auch bei Spaziergängen mit
         [b̥obsə]

SW15   meinem Vater der als Postbeamter
         [b̥oʃd̥ʾb̥əamdɐ̯ʕ]

SW16   viel Nachtdienst gehabt hat und nun auch
         [naχd̩ĩnʃt]

SW17   bei Tag eben spazierengegangen ist
            und seine Kinder mitgenommen hat auch die Fluren und Wälder
            um Stuttgart herum kennengelernt hat
            [d̥aːˑg]
            [ɪ̃ʒ]

16 Software zur Transkription

Die Audiodateien auf der beiliegenden CD-ROM sind im wav-Format und können mit Software abgespielt werden, die jedes Betriebssystem standardmäßig zur Verfügung stellt. Jedoch ist es bei Transkription eines Textes günstiger, wenn man betreffende Signalabschnitte zum Abhören genau abgrenzen kann. Zwei Programme, die sich hierfür gut eignen und sehr häufig in der Phonetik verwendet werden, sind *WaveSurfer* und *praat*. Beide Programme können kostenlos aus dem Internet heruntergeladen werden. Wir stellen beide hier kurz vor und zeigen Ihnen, wie Sie sie zum Anhören der beigefügten Texte verwenden können.

16.1 *WaveSurfer*

Möglicherweise das beste Programm für die ersten phonetischen Analysen ist *WaveSurfer*. Das Programm ist klein, übersichtlich und stellt dennoch die wichtigsten Funktionen zur phonetischen Analyse bereit. Es wurde von Kåre Sjölander and Jonas Beskow an der KTH Stockholm geschrieben. Das Programm, das in Versionen für verschiedene Betriebssysteme zur Verfügung steht, können Sie von folgender Adresse herunterladen:

http://www.speech.kth.se/wavesurfer/download.html

Leider wird das Programm nicht länger gepflegt, so dass bestimmte *bugs* nicht in absehbarer Zeit ausgebessert werden. Dennoch läuft es einigermaßen stabil und zuverlässig.

16.1.1 Installation unter Windows

Das Programm ist als zip-Archiv verpackt. Nach dem Herunterladen müssen Sie es aus dem zip-Archiv entpacken, was aber meist als Option beim Herunterladen angeboten wird. Legen Sie das Programm auf Ihrem Desktop ab.

16.1.2 Audiodatei laden und anhören

Zum Anhören einer Audiodatei öffnen Sie das Programm und gehen Sie auf den Menüpunkt `File -> Open...` Nachdem Sie eine Datei ausgewählt haben, öffnet sich ein Fenster mit der Überschrift `Choose Configuration`. Doppelklicken Sie auf `Spectrogram` oder `Waveform`. Die wichtigsten Funktionen zum Abspielen einer Datei sind in Abbildung 16.1 dargestellt.

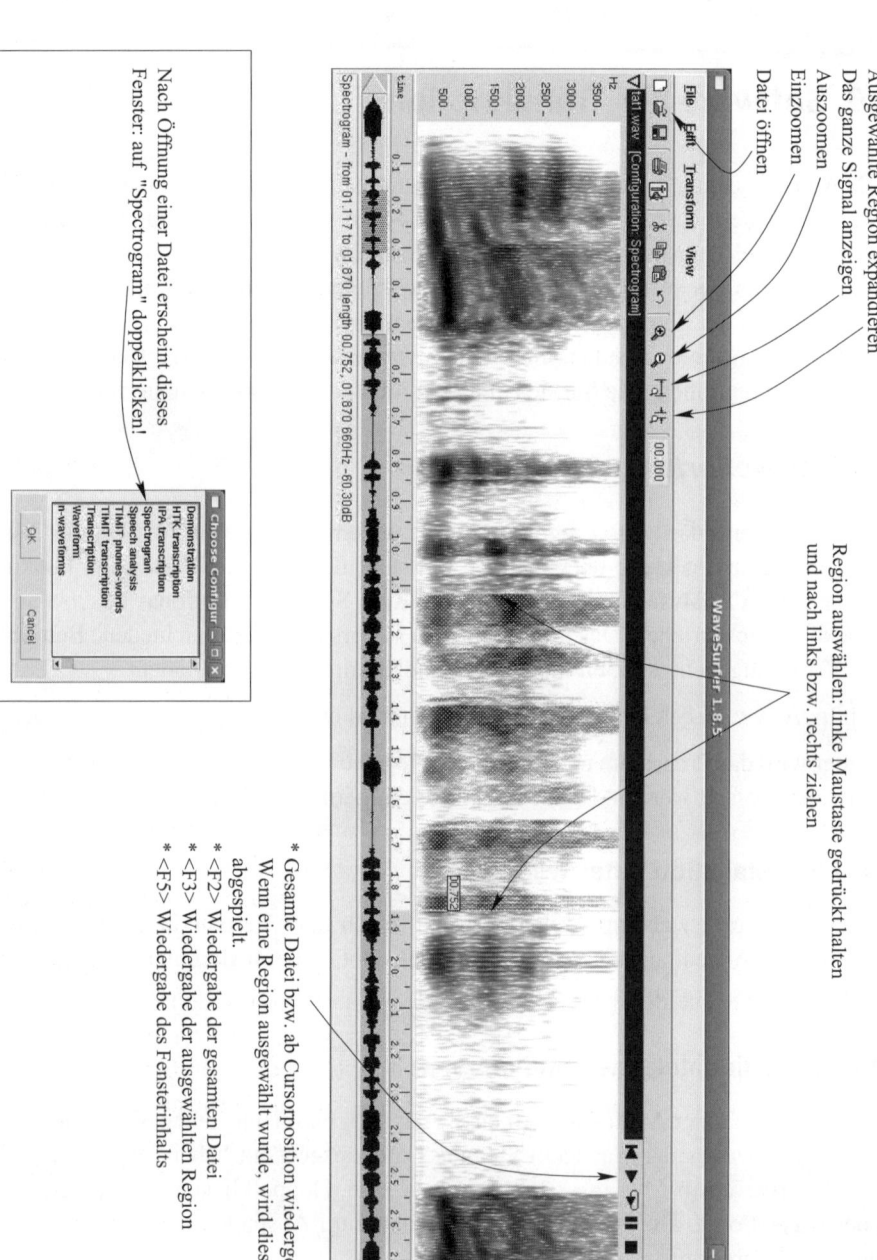

Abbildung 16.1: WaveSurfer Schnell-Referenz

16.2 *praat*

Zweifelsohne eines der mächtigsten und umfangreichsten Programme, die in der phonetischen Analyse eingesetzt werden, ist *praat*. Es wurde von Paul Boersma und David Wee-
nink am Institute of Phonetic Sciences an der Universität Amsterdam geschrieben. Das
Programm, das ebenfalls in Versionen für unterschiedliche Betriebssysteme zur Verfügung
steht, können Sie unter folgendem URL herunterladen:

  http://www.praat.org

16.2.1 Installation unter Windows

Das Programm steht sowohl als selbstextrahierendes Archiv (.exe) als auch als zip-Archiv
zur Verfügung. Die Installation ist zwar mit dem selbstextrahierenden Archiv am einfach-
sten, wird aber bei manchen XP und Vista-Installationen nicht problemlos laufen, so dass
auch hier auf das zip-Archiv zurückgegriffen werden muss. Wie bei *WaveSurfer* legen Sie
das Programm am besten auf dem Desktop ab.

16.2.2 Audiodatei laden und anhören

Durch den großen Funktionsumfang von *praat* wird das Programm teilweise etwas unüber-
sichtlich, aber zum Anhören von Audiodateien ist es nicht komplizierter als *WaveSurfer*.
Zum Anhören einer Audiodatei öffnen Sie das Programm und gehen Sie auf den Menüpunkt Read -> Read from file... Nachdem Sie eine Datei ausgewählt haben, erscheint lediglich im Hauptfenster ein Eintrag, z. B. 1. Sound 6-4. Klicken Sie jetzt auf
das Button Edit. Es erscheint ein Fenster mit zwei Hauptteilen. Im oberen Teil ist ein
Oszillogramm der gesamten Datei zu sehen, im unteren Abschnitt erscheint entweder ein
Spectrogramm oder ein sonst leeres Fenster mit der Meldung, es sei erst etwas zu sehen,
wenn man auf einen bestimmten Zeitbereich eingezoomt habe. Durch Klicken, Halten und
Ziehen der linken Maustaste kann man wie üblich einen Bereich des Signals auswählen. Mit
einem anschließenden Klick auf den Knopf sel (unten links) wird der ausgewählte Bereich
im Fenster dargestellt. Wenn Sie das Programm gerade installiert haben, ist die Zeit-Fre-
quenz-Intensitätsdarstellung des Spectrogramms mit zwei weiteren Analysen überlagert.
Die roten Punkte sind Produkte einer Formantanalyse, die blaue Linien stellen das Ergebnis einer Grundfrequenzanalyse dar. Im Augenblick ist die Formantanalyse eher verwirrend
und kann durch Auswahl des Menüpunktes Formant->Show formants rückgängig
gemacht werden. Die Grundfrequenzanalyse ist jedoch sinnvoll, wenn Sie den Melodieverlauf einer Äußerung verfolgen wollen. Die y-Achse für die spektrografische Darstellung ist
links, die für die Grundfrequenzanalyse ist rechts.

  Einzelheiten zum Startfenster von *praat* sowie zu einem Analysefenster sind in Abbildung 16.2 dargestellt.

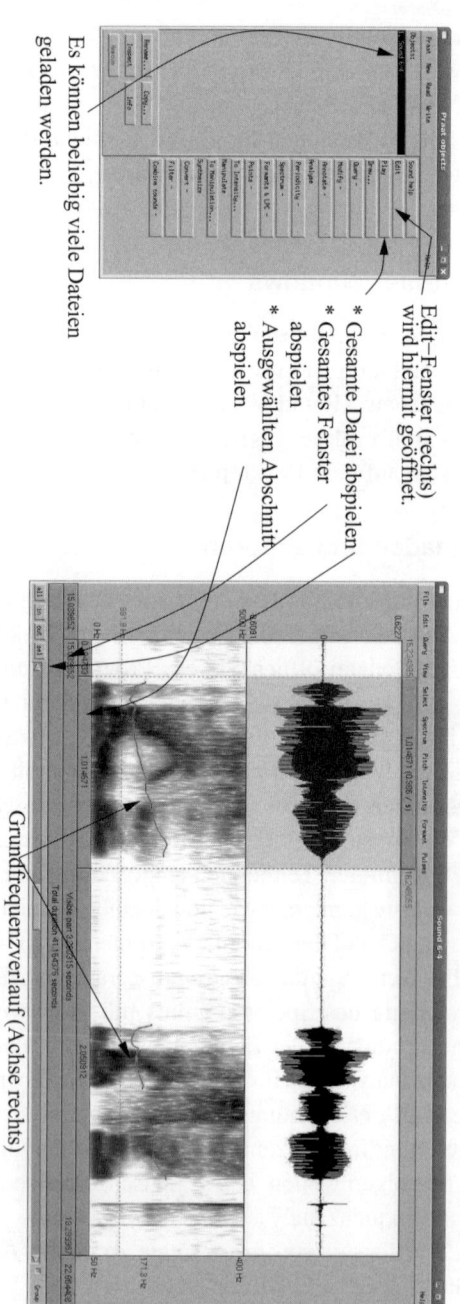

Es können beliebig viele Dateien
geladen werden.

Edit–Fenster (rechts)
wird hiermit geöffnet.

* Gesamte Datei abspielen
* Gesamtes Fenster
  abspielen
* Ausgewählten Abschnitt
  abspielen

Grundfrequenzverlauf (Achse rechts)

Abbildung 16.2: *praat* Schnell-Referenz

Bibliographie

Albrecht, K. (1881). *Die Leipziger Mundart*. Leipzig.

Altmann, H. und U. Ziegenhain (2007). *Phonetik, Phonologie und Graphemik fürs Examen*. Göttingen.

Ammon, U. und U. Loewer (1977). *Schwäbisch. Dialekt/Hochsprache – kontrastiv*. Düsseldorf. Sprachhefte für den Deutschunterricht. Heft 4.

Auer, P., B. Barden und B. Großkopf (1993). Dialektwandel und sprachliche Anpassung bei "Übersiedlern" und "Übersiedlerinnen" aus Sachsen. *Deutsche Sprache 21*, 80–87.

Barden, B. und B. Großkopf (1998). *Sprachliche Akkommodation und soziale Integration sächsischer Übersiedler im rhein-moselfränkischen und alemannischen Sprachraum*. Tübingen. Phonai; Bd. 43.

Baßler, H. und H. Spiekermann (2001). Dialekt und Standardsprache im DaF-Unterricht. Wie Schüler urteilen – wie Lehrer urteilen. *Linguistik online 9*.

Bergmann, G. (1990). Upper Saxon. In C. V. Russ (Hrsg.), *The dialects of Modern German. A Linguistic Survey*, 290–312. London.

Bergmann, G. (1992). *Polyglott. Sprachführer Sächsisch*. München.

Bergmann, G. und H. Becker (1969). *Sächsische Mundartenkunde. Entstehung, Geschichte und Lautstand der Mundarten des obersächsischen Gebietes*. Halle. Neu bearbeitet u. herausgegeben von Gunter Bergmann.

de Boor, H. und C. Winkler (Hrsg.) (1969). *Siebs Deutsche Aussprache*. Berlin, New York.

Dingeldein, Heinrich, J. (1997). Sprachvarietäten in "Mitteldeutschland". In G. Stickel (Hrsg.), *Varietäten des Deutschen*, 109–141. Berlin.

Duden (2000). *Duden. Aussprachewörterbuch*. Mannheim, u. a.

Duden (2005). *Duden. Grammatik*. Mannheim, u. a.

Eisenberg, P. (1986). Der Buchstabe und die Schriftstruktur des Wortes. In *Duden. Grammatik der deutschen Gegenwartssprache*, 6, 54–84. Mannheim u. a.

Fiukowski, H. (2004). *Sprecherzieherisches Elementarbuch*. Tübingen.

Frey, E. (1975). *Stuttgarter Schwäbisch*. Marburg.

Frings, T. (1936). *Die Grundlagen des Meißnischen Deutsch*. Halle.

Froitzheim, C. (1984). *Artikulationsnormen in der Umgangssprache in Köln*. Tübingen.

Goldman-Eisler, F. (1968). *Psycholinguistics: Experiments in spontaneous speech*. London.

Graf, J. und B. Meißner (1996). Neue Untersuchungen zur r-Realisation. In E.-M. Krech und E. Stock (Hrsg.), *Beiträge zur deutschen Standardaussprache (Hallesche Schriften zur Sprechwissenschaft und Phonetik Bd. 1)*, 68–75. Hanau, Halle.

Grosse, R. (1955). Die Meißnische Sprachlandschaft. *Mitteldeutsche Studien 15.*

Hall, T. A. (2000). *Phonologie. Eine Einführung*. Berlin.

Henn-Memmesheimer, B. (1998). *Sprachliche Varianz als Ergebnis von Handlungswahl*. Tübingen. (Reihe Germanistische Linguistik 198).

Hiller, M. (1995). Regressive Pharyngalisierung im Stuttgarter Schwäbischen als C-VÂ-Interaktion. *Linguistische Berichte 155*, 33–64.

Hirschfeld, U. (1999). Phonetische Merkmale des Sächsischen und das Fach Deutsch als Fremdsprache. In B. Skibitzki und B. Wotjak (Hrsg.), *Linguistik und Deutsch als Fremdsprache. Festschrift für Gerhard Helbig zum 70. Geburtstag*, 109–120. Tübingen.

Hollmach, U. (1996). Soziophonetische Grundlagen zur Neukodifizierung des Aussprachewörterbuches. In E.-M. Krech und E. Stock (Hrsg.), *Beiträge zur deutschen Standardaussprache (Hallesche Schriften zur Sprechwissenschaft und Phonetik Bd.1)*, 60–67. Hanau, Halle.

Hoole, P. und K. Machelett (2002). *Phonetische Transkription I*. München.

Huesmann, A. (1998). *Zwischen Dialekt und Standard. Empirische Untersuchung zur Soziolinguistik des Varietätenspektrums im Deutschen*. Tübingen.

Hundt, M. (1992). *Einstellungen gegenüber dialektal gefärbter Standardsprache*. Stuttgart. ZDL-Beiheft 78.

Hundt, M. (1997). Zum Prestige gesprochener Alltagssprache. Sächsisch und Schwäbisch. In A. Ruoff und P. Löffelad (Hrsg.), *Syntax und Stilistik der Alltagssprache. Beiträge der 12. Arbeitstagung zur alemannischen Dialektologie 25. bis 29. September 1996 in Ellwangen/Jagst*, 49–65. Tübingen.

Iivonen, A. (1996). Unterschiede des Vokalismus und der Intonation in der ostmitteldeutschen und wienerdeutschen Standardaussprache. In E.-M. Krech und E. Stock (Hrsg.), *Beiträge zur deutschen Standardaussprache*, 225–240. Hanau, Halle.

International Phonetic Association (1999). *Handbook of the International Phonetic Association. A guide to the use of the International Phonetic Alphabet*. Cambridge.

Klausmann, H., K. Kunze und R. Schrambke (1994). *Kleiner Dialektatlas – Alemannisch und Schwäbisch in Baden-Württemberg*. Bühl/Baden.

Klipcera, C. und B. Gasteiger-Klipcera (1998). *Psychologie der Lese- und Schreibschwierigkeiten: Entwicklungen, Ursachen, Förderung*. Weinheim.

Krech, E.-M. (1999). Standardaussprache im Spannungsfeld von Norm, Normierung und Realisation. *DaF 3*, 135–140.

Krech, E.-M., E. Kurka, H. Stelzig, E. Stock, U. Stötzer und R. Teske (Hrsg.) (1982). *Großes Wörterbuch der deutschen Aussprache* (2. Aufl.). Leipzig.

Krech, E.-M. und E. Stock (Hrsg.) (1996). *Beiträge zur deutschen Standardaussprache.* Hanau, Halle. (Hallesche Schriften zur Sprechwissenschaft und Phonetik Bd.1).

Ladefoged, P. (1993). *A Course in Phonetics* (3 Aufl.). London/New York.

Langer, H. (1990). Zur Umgangssprache der Gegenwart. *Deutschunterricht 43 (7–8)*, 376–389.

Lemke, S. (1998). Phonostilistische Untersuchung zur deutschen Standardaussprache. Zur Realisation der Endungen -en, -em, -el. In *Interkulturelle Kommunikation (Sprache und Sprechen; Bd. 34)*, 128–134. München, Basel.

Lemmer, M. (1990). Eigentlich eine "Weltsprache". Betrachtungen zur halleschen Mundart (XXXV). *Liberaldemokratische Zeitung Halle vom 26.01.1990,* 6.

Lemmer, M. (1998). *Forr Ischen und Scheekser. Gedichte und Prosa in hallescher Mundart.* Halle.

Lerchner, G. (1997). Regionale Identität und standardsprachliche Entwicklung. Aspekte einer sächsischen Sprachgeschichte. In *Sitzungsberichte der Sächsischen Akademie der Wissenschaften zu Leipzig. Bd. 135, H. 1*, Stuttgart, Leipzig.

Machelett, K. (1997). *Das Lesen von Sonagrammen V1.0.* München.

Meinhold, G. (1973). *Deutsche Standardaussprache. Lautschwächungen und Formstufen.* Jena. (Wiss. Beiträge der Univ. Jena.).

Meinhold, G. (1986). Phonostilistische Ebenen in der deutschen Standardaussprache. *DaF 5*, 288–293.

Menzerath, P. und A. d. Lacerda (1933). *Koartikulation, Steuerung und Lautabgrenzung.* Phonetische Studien 1. Berlin/Bonn.

Mihm, A. (1998). Zur Rolle der Umgangssprachen seit der Mitte des 20. Jahrhunderts. In W. Besch, A. Betten, O. Reichmann und S. Sonderegger (Hrsg.), *Sprachgeschichte. Ein Handbuch zur Geschichte der deutschen Sprache und ihrer Erforschung, Band 2*, 2107–2137. Berlin, New York.

Nerius, D. (2000). *Deutsche Orthographie.* Mannheim u. a.

Pike, K. L. und E. Pike (1947). Immediate constituents of Masateco syllables. *International Journal of American Linguistics 13*, 78–91.

Protze, H. (1957). Das Westlausitzische und Ostmeißnische. *Mitteldeutsche Studien 20.*

Protze, H. (1995). Regionale Varianten der städtischen Umgangssprache in den ostdeutschen Ländern und ihre Veränderungen vor allem im 20. Jahrhundert. In G. Lerchner,

M. Schröder und U. Fix (Hrsg.), *Chronologische, areale und situative Varietäten des Deutschen in der Sprachhistoriographie. Festschrift für Rudolf Große (Leipziger Arbeiten zur Sprach- und Kommunikationsgeschichte 2)*, 311–324. Frankfurt am Main.

Protze, H. (1997). *Wortatlas der städtischen Umgangssprache. Zur territorialen Differenzierung der Sprache in Mecklenburg-Vorpommern, Brandenburg, Berlin, Sachsen-Anhalt, Sachsen und Thüringen.* Köln, Weimar, Wien.

Ramers, K. H. (1998). *Einführung in die Phonologie.* UTB für Wissenschaft. München.

Ramers, K. H. (1999). Vokalquantität als orthographisches Problem. Zur Funktion der Doppelkonsonantenschreibung im Deutschen. *Linguistische Berichte 177*, 52–64.

Rausch, R. und I. Rausch (1995). *Deutsche Phonetik für Ausländer. Ein Lehr- und Übungsbuch* (4. Aufl.). Leipzig u. a.

Rosenkranz, H. (1964). *Der thüringische Sprachraum. Untersuchungen zur dialektgeographischen Struktur und zur Sprachgeschichte Thüringens.* Halle.

Rues, B. (1993). *Lautung im Gespräch. Ergebnisse einer empirischen Untersuchung.* Frankfurt am Main. (Forum phoneticum 53).

Ruoff, A. (1983). *Mundarten in Baden-Württemberg. Tonkassette mit Beiheft.* Stuttgart.

Ruoff, A. (Hrsg.) (1992). *Die Fränkisch-Alemannische Sprachgrenze.* Tübingen.

Scheutz, H. (1999). Umgangssprache als Ergebnis von Konvergenz- und Divergenzprozessen zwischen Dialekt und Standardsprache. In T. Stehl (Hrsg.), *Dialektgenerationen. Dialektfunktionen. Sprachwandel*, 105–131. Tübingen.

Schönfeld, H. (1964). Abriß einer Lautlehre der Mundart von Halle (Saale). *Wissenschaftliche Zeitschrift der Martin-Luther-Universität Halle-Wittenberg. Gesellschafts- und Sprachwissenschaftliche Reihe XIII (8)*, 585–602.

Schönfeld, H. (1983). Die Umgangssprache. In W. Fleischer, W. Hartung, J. Schildt und P. Suchsland (Hrsg.), *Kleine Enzyklopädie. Deutsche Sprache*, 430–440. Leipzig.

Schönfeld, H. (1985). Varianten, Varietäten und Sprachvariation. *Zeitschrift für Phonetik, Sprachwissenschaft und Kommunikationsforschung 38 (1)*, 206–224.

Schönfeld, H. (2001). *Berlinisch heute. Kompetenz – Verwendung – Bewertung.* Frankfurt/Main u. a.

Schönfeld, H. und R. Pape (1981). Sprachliche Existenzformen. In W. Hartung und H. Schönfeld (Hrsg.), *Kommunikation und Sprachvariation (Reihe Sprache und Gesellschaft Bd. 17)*, 130–212. Berlin.

Schwitalla, J. (1976). Dialogsteuerung. Vorschläge zur Untersuchung. In F.-J. Berens, K.-H. Jäger, G. Schank und J. Schwitalla (Hrsg.), *Projekt Dialogstrukturen. Ein Arbeitsbericht. (Heutiges Deutsch; Reihe 1, Linguistische Grundlagen; 12*, 73–104. München.

Siebs, T. (1898). *Deutsche Bühnenaussprache.* Berlin.

Spangenberg, K. (1993). *Laut- und Formeninventar thüringischer Dialekte. Beiträge zum Thüringischen Wörterbuch.* Berlin.

Spangenberg, K. (1998). *Die Umgangssprache im Freistaat Thüringen und im Südwesten des Landes Sachsen-Anhalt.* Rudolstadt, Jena.

Spangenberg, K. (2000). Einheit und Vielfalt des thüringisch-sächsischen Sprachraumes. In *Dialektlexikographie im Ostmittel- und Ostniederdeutschen. Ergebnisse – Einsichten – Folgerungen. (Arbeitsblätter der vorhabenbezogenen Kommission für Mundartwörterbücher der Sächsischen Akademie der Wissenschaften zu Leipzig)*, Leipzig, 22–28.

Stickel, G. (Hrsg.) (1997). *Varietäten des Deutschen. Regional- und Umgangssprachen.* Berlin, New York.

Stock, E. (1995). *Deutsche Intonation.* München.

Ternes, E. (1999). *Einführung in die Phonologie.* Darmstadt.

Vieregge, W. H. (1989). *Phonetische Transkription. Theorie und Praxis der Symbolphonetik.* Zeitschrift für Dialektologie und Linguistik, Beiheft 60. Stuttgart.

Wallner-Zimmer, F. (1999). Phonetisch-phonologische Untersuchungen zur gehobenen Umgangssprache des Obersächsischen. Diplomarbeit, Universität Halle, Halle.

Wells, J. und J. House (1995). *The Sounds of the International Phonetic Alphabet.* London. CD mit Beiheft.

Wiesinger, P. (1997). Sprachliche Variation – Gestern und heute. In G. Stickel (Hrsg.), *Varietäten des Deutschen. Regional- und Umgangssprachen*, 9–45. Berlin, New York.

Wirth, G. (1995). *Stimmstörungen. Lehrbuch für Logopäden, Sprachheilpädagogen und Sprecherzieher.* Köln.

Elke Donalies

Basiswissen Deutsche Phraseologie

UTB M
2009, VI, 126 Seiten,
€[D] 14,90/SFr 27,90
ISBN 978-3-8252-3193-4

Das kompakte, gut durchstrukturierte und leicht lesbare Lehrbuch gibt Studierenden, Lehrenden und allen anderen an der Sprache Interessierten einen problemorientierten und forschungsnahen Überblick über diese relativ junge sprachwissenschaftliche Disziplin, die Pflichtbestandteil des germanistischen Studiums ist. Das Lehrbuch erfordert keine speziellen linguistischen Vorkenntnisse, ist geeignet zur selbstständigen Vorbereitung eines Seminars oder einer Prüfung, kann aber auch ebenso gut seminarbegleitend benutzt werden. Alle Phänomene werden klar umrissen, anhand sprechender Beispiele und Textbelege veranschaulicht und voneinander abgegrenzt. Basiswissen Deutsche Phraseologie ist durch ein Sachregister erschlossen. Didaktisch sinnvolle Literaturhinweise und eine Auswahl von Wörterbüchern und erprobten Online-Verzeichnissen regen zur vertiefenden Beschäftigung mit dem Thema an.

Narr Francke Attempto Verlag GmbH + Co. KG
Postfach 2560 · D-72015 Tübingen · Fax (07071) 9797-11
Internet: www.francke.de · E-Mail: info@francke.de

Elke Donalies

Basiswissen Deutsche Wortbildung

UTB M 2876
2007, VI, 137 Seiten,
€ 14,90 / SFr 26,00
UTB-ISBN 978-3-8252-2876-7

Basiswissen Deutsche Wortbildung erklärt anhand zahlreicher authentischer Textbelege, aus welchen Einheiten Wörter gebildet werden, welche Wortbildungsarten dabei genutzt werden und was sich über die Bedeutung von Wortbildungsprodukten sagen lässt. Rot markierte Leitbeispiele veranschaulichen die theoretischen Grundlagen, vertiefende Exkurse sensibilisieren für Analyseprobleme und diskutieren dabei unterschiedliche Lösungsansätze.

Das gut durchstrukturierte und leicht lesbare Lehrbuch gibt Studierenden, Lehrenden und allen anderen an der deutschen Sprache interessierten Sprecherschreibern einen problemorientierten und forschungsnahen Überblick zur Wortbildung.

Narr Francke Attempto Verlag GmbH + Co. KG
Postfach 2560 · D-72015 Tübingen · Fax (07071) 9797-11
Internet: www.francke.de · E-Mail: info@francke.de

Katja Kessel / Sandra Reimann

Basiswissen Deutsche Gegenwartssprache

UTB 2704
2., überarbeitete Auflage 2008
XIV, 280 Seiten
€[D] 14,90/SFR 26,00
ISBN 978-3-8252-2704-3

Das Einführungsbuch wendet sich an Studierende der Germanistik, die die deutsche Gegenwartssprache im wissenschaftlichen Sinne durchschauen und unter analytischen Gesichtspunkten kennen lernen wollen.

Gegenstand sind die wichtigsten Teilbereiche und Methoden der deutschen Sprachwissenschaft. Besonders ausführlich werden die Kapitel Syntax und Wortbildung behandelt, die zum Kanon der meisten sprachwissenschaftlichen Prüfungen gehören.

Jedes Kapitel enthält Übungen mit Lösungen und weiterführende Literatur, sodass die Studierenden auch die Möglichkeit haben, sich den Stoff selbstständig zu erarbeiten und ihre Kenntnisse zu überprüfen. Der Transfer in die Analysepraxis steht stets im Vordergrund.

Für Leser, die sich für Linguistik und Literaturwissenschaft interessieren, auch ohne wissenschaftliche Vorbildung mit Gewinn zu lesen. *ekz-Informationsdienst*

Narr Francke Attempto Verlag GmbH + Co. KG
Postfach 2560 · D-72015 Tübingen · Fax (07071) 9797-11
Internet: www.francke.de · E-Mail: info@francke.de

Gabriele Graefen /
Martina Liedke

Germanistische Sprachwissenschaft

Deutsch als Erst-, Zweit- oder
Fremdsprache

UTB L
2008, 313 Seiten, mit CD-ROM
€[D] 24,90/Sfr 44,00
ISBN 978-3-8252-8381-0

Das Lehrbuch vermittelt Grundlagenwissen zur sprachsyste-
matischen Stellung des Deutschen, zur Sprachgeschichte und
Ansätzen der Sprachbeschreibung, zur Lexik, Morphologie,
Syntax, Phonetik und Phonologie sowie zur Pragmatik, Diskurs-
und Textanalyse. Verfahren der linguistischen Empirie werden
erläutert und verschiedene Anwendungsfelder der Linguistik
praxisbezogen vorgestellt. Dabei ist das Deutsche als Fremd-
und Zweitsprache besonders im Blick.
Die beigefügte Volltext-CD-Rom mit zahlreichen Tonbeispielen,
Aufgaben, Musterlösungen und Glossaren erleichtert die Präsen-
tation, Vertiefung und Überprüfung des vermittelten Wissens.

 **Narr Francke Attempto Verlag GmbH + Co. KG**
Postfach 25 60 · D-72015 Tübingen · Fax (0 7071) 97 97-11
Internet: www.francke.de · E-Mail: info@francke.de

Albert Busch
Oliver Stenschke

Germanistische Linguistik

Eine Einführung

bachelor-wissen
2., durchgesehene und korrigierte
Auflage 2008
VIII, 256 Seiten
€[D] 14,90/SFr 26,00
ISBN 978-3-8233-6414-6

Mit diesem Band liegt erstmals eine Einführung in die Germanistische Linguistik vor, die speziell für die neuen modularisierten Studiengänge konzipiert wurde. Das Buch ist in 14 Einheiten gegliedert, die sich an einem typischen Semesterplan orientieren und somit direkt für Lehrveranstaltungen im Rahmen eines „Basismoduls Germanistik" bzw. „Germanistische Linguistik" verwendet werden können. Die einzelnen Einheiten dienen zum einen der Vermittlung von Basiswissen, zum anderen dem Erwerb der Kompetenz, dieses Wissen selbständig anzuwenden. Auf der begleitenden Homepage www.bachelor-wissen.de finden sich zudem *bonus tracks*, ergänzende Angebote, mit denen die Kompetenzen vertieft werden können.

„Das Buch bietet für Anfangssemester eine sehr gut verständliche Einführung." *ekz-Informationsdienst*

Narr Francke Attempto Verlag GmbH + Co. KG
Postfach 2560 · D-72015 Tübingen · Fax (07071) 9797-11
Internet: www.narr.de · E-Mail: info@narr.de